Pensar o presente e o futuro da educação

ROGÉRIO FERRAZ DE ANDRADE
[organizador]

Pensar o presente e o futuro da educação

PACTO EDUCATIVO GLOBAL

Paulinas

Dados Internacionais de Catalogação na Publicação (CIP)
Angélica Ilacqua CRB-8/7057

Pensar o presente e o futuro da educação / organizado por Rogério Ferraz de Andrade - São Paulo : Paulinas, 2022.
160 p.

ISBN 978-65-5808-141-8

1. Educação – Aspectos sociais 2. Pacto Educativo Global 3. Francisco, Papa, 1936- Pacto Educativo Global 4. Sociedade I. Andrade, Rogério Ferraz de

22-1278 CDD 370

Índice para catálogo sistemático:

1. Educação

1ª edição – 2022

Direção-geral: *Flávia Reginatto*
Editora responsável: *Marina Mendonça*
Copidesque: *Mônica Elaine G. S. da Costa*
Revisão: *Fabiola Medeiros*
Gerente de produção: *Felício Calegaro Neto*
Capa: *Lucas Hossein*
Diagramação: *Telma Custódio*

Paulinas
Rua Dona Inácia Uchoa, 62
04110-020 — São Paulo — SP (Brasil)
Tel.: (11) 2125-3500
http://www.paulinas.com.br
editora@paulinas.com.br
Telemarketing e SAC: 0800-7010081

Sumário

Apresentação 7
Dom Leomar Brustolin

I. A cultura do encontro 11
Rogério Ferraz de Andrade

II. Humanismo solidário e a educação para a alteridade 25
Douglas Eliesler Justen

III. Alfabetização integral: o que requer essa proposta? 37
Daniela Pedra Mattos

IV. Pacto educativo global, ensino religioso e pastoral escolar: uma articulação em diferentes espaços 53
José Adilson Antunes

V. Pacto Educativo Global nas escolas de Educação Básica 63
Júlio Resende

VI. Pacto educativo global e as universidades católicas 79
Paulo Fossatti

VII. Gestão das instituições educativas a partir do Pacto Educativo Global do Papa Francisco 91
Jardelino Menegat e Roberto Carlos Ramos

VIII. Experiências exitosas em torno do Pacto Global 113
Cláudia Chesini

IX. Cultivar a espiritualidade:
uma conversa com educadoras(es) 131
Afonso Murad

Epílogo 151
Dom João Justino de Medeiros Silva

Os autores 157

Apresentação

Com satisfação apresentamos esta obra, que traz relevantes reflexões para compreender e acolher a proposta do Papa Francisco sobre o Pacto Educativo Global. Ela é resultado de saberes e práticas de educadores atentos aos sinais dos tempos, capazes de discernir as urgências e propor caminhos para uma educação humanista, integral e solidária.

Na fidelidade aos sinais dos tempos, esta coletânea de artigos é publicada em um contexto altamente desafiador para a humanidade: o fim da pandemia da Covid-19 e a Guerra entre Rússia e Ucrânia, que atingem proporções mundiais. Falar de educação nessas condições remete-nos ao pensamento do filósofo e escritor Albert Camus, em seu romance *A Peste*, de 1947, quando escreveu: "Os flagelos, na verdade, são uma coisa comum, mas é difícil acreditar neles quando se abatem sobre nós. Houve no mundo tantas pestes quanto guerras. E, contudo, as pestes, como as guerras, encontram sempre as pessoas igualmente desprevenidas".

Para além da pandemia e da guerra, abateu-se sobre nós, sobretudo no Brasil, um importante agravamento da situação da educação, apresentando resultados preocupantes para qualquer educador sério e comprometido com sua missão. Apenas como exemplo, recorde-se a publicação do relatório da Unicef em janeiro de 2022, indicando que, de cada dez alunos, um não pretende voltar à escola no Brasil após a pandemia, e que 70% das crianças brasileiras são incapazes de ler e entender os textos. Antes da pandemia o índice era de 53%.

Outros elementos que interpelam sobre uma maior atenção à emergência educativa é o fato de que no Brasil, durante a pandemia, chegou-se a perder mais de 70 semanas de aulas presenciais. Na Europa esse índice foi em torno de doze semanas. Igualmente é preciso perceber os cortes que a educação recebeu no orçamento do país, e o agravamento da crise econômica e social que afetou o mundo do trabalho, a moradia e o estilo de vida de muitas crianças e adolescentes, especialmente sem acesso à merenda escolar. Ninguém pode negar que muitos estudantes brasileiros dependem da alimentação servida nas escolas e obras sociais para sobreviver.

Embora os sinais sejam alarmantes, é preciso tomar consciência da realidade e não cair na ideologia perigosa que apregoa o caos, sustentando que a geração que viveu a pandemia e a guerra está perdida em termos de aprendizagem e sem possibilidades de um futuro melhor. Tal percepção contraria a proposta do Pacto Educativo Global, que insiste no valor da pessoa e na necessidade de uma ousada criatividade, e por isso provoca uma mudança de paradigma na família, na escola, na sociedade e no governo. O valor da pessoa humana é inalienável, e qualquer negociação sobre essa dignidade é altamente prejudicial e nega a verdade.

Para discernir nesse contexto de noite escura, vale recordar Ariano Suassuna, que afirmou: "O otimista é um tolo. O pessimista, um chato. Bom mesmo é ser um realista esperançoso". Com esperança é que nos propomos a ler as páginas que seguem, evitando toda presunção de uma falsa esperança de quem é otimista inconsequente. Tampouco vale o pessimismo dos que perderam a esperança no ser humano. É preciso ser realista, indicando luzes e sombras do atual contexto, mas renovando a esperança, recordando o que disse o Papa Francisco: "Toda mudança de atitude passa pela educação".

Para ser propositivo, o educador e toda pessoa de boa vontade hão de ocupar-se em buscar indicadores de novas práticas capazes de oferecer novas propostas educativas. Para o Papa Francisco, a educação é um dos caminhos mais eficazes para humanizar o mundo e a história.

Ela se apresenta como o antídoto natural à cultura individualista, que às vezes se degenera em um verdadeiro culto ao "ego" e no primado da indiferença. Francisco destaca as preocupações com os índices de pobreza, as crises existenciais e a questão da sustentabilidade da vida no planeta como razões para propor uma nova educação.

Ao trabalhar nessa perspectiva, o Papa amplia enormemente a compreensão comumente guardada a respeito da educação. Muito mais do que uma sistemática de ensino e aprendizagem, a educação é o processo através do qual a humanidade emergiu na Terra. É através dela que cada ser humano se apropria da cultura, da memória e, portanto, da própria identidade. A educação ultrapassa e transcende escolas, universidades e quaisquer sistemas de ensino ou avaliação, ainda que se concretize principalmente nesses lugares e processos.

É preciso superar propostas educativas focadas na utilidade, no resultado, na funcionalidade e na burocracia, que confundem educação com instrução e acabam por fragmentar as culturas. É urgente trabalhar por uma cultura integral, participativa e poliédrica. Também é necessário problematizar algumas visões a respeito de educação cultivadas em nosso meio, pois ainda persiste a ideia de que educação é algo que se realiza como simples "transmissão" de conhecimentos, quando se sabe que aprendizagem é algo que se dá na experiência concreta, devidamente mediada por quem tem formação para tanto.

Há um provérbio africano repetido pelo Papa Francisco que diz: "Para educar uma criança é preciso uma aldeia inteira". Assim, compreende-se como todos precisam cooperar com iniciativas criativas que ajudem os governantes a priorizar a educação integral. Urge repensar as escolhas que estão sendo feitas e o modelo de sociedade e de pessoa humana que estamos formando. Na proposta de uma educação integral cabe à família, à instituição de ensino e a toda a sociedade, apesar das dificuldades e resistências, não perder o sonho de uma humanidade nova, pois, ao assumir a missão de educar, o ser humano eleva sua capacidade de pensar e construir um mundo melhor. Alguém poderia achar isso utópico e irrealizável, contudo, quem conhece a força da educação sabe o quanto ela é capaz de construir o imprevisível no serviço do bem comum.

O Pacto Educativo Global proposto pelo Papa Francisco pretende despertar para essa nova solidariedade universal e trabalhar por uma sociedade mais acolhedora, o que implica promover uma educação mais aberta e inclusiva, capaz de escuta paciente, diálogo construtivo e mútua compreensão. Tal opção exige atitudes fortes, tendo a coragem de colocar no centro do processo educativo a pessoa, e formando para um estilo de vida que rejeite a cultura do descarte. Uma segunda coragem ressaltada pelo Pacto é a capacidade de investir as melhores energias com criatividade e responsabilidade. Finalmente, a coragem de formar pessoas disponíveis ao serviço da comunidade.

Desejamos que os textos que formam esta coletânea possam suscitar um novo e esperançoso olhar sobre a realidade. Sempre tem jeito! Não desanimar nem desistir tornam-se imperativos para quem acredita que a vida sempre é maior do que todas as forças da morte. Por isso, vale recordar o que escreveu o Papa Francisco na Carta Encíclica *Laudato Si'*, que serviu de germe para o Pacto Educativo Global: "A educação será ineficaz e os seus esforços estéreis se não se preocupar também por difundir um novo modelo relativo ao ser humano, à vida, à sociedade e à relação com a natureza".

† Dom Leomar Antônio Brustolin
Arcebispo Metropolitano de Santa Maria

I. A cultura do encontro

Rogério Ferraz de Andrade

O ser humano é essencialmente social. Tornamo-nos humanos à medida que convivemos, aprendemos, compartilhamos e construímos juntos projetos de vida individual e comunitária. Definimos, através das nossas opções, qual o tipo de mundo em que desejamos viver e quais os valores que pretendemos transmitir às futuras gerações. Tudo o que para nós constitui-se em valor forma o que denominamos "cultura".

Um rápido mas atento olhar em direção ao que nos circunda, ao mundo atual com as suas mazelas, seus revezes e suas contradições poderia apavorar-nos a ponto de pensarmos que tudo está perdido. Há tantas situações humilhantes pelas quais passam muitos seres humanos que quase nos fazem desacreditar em um futuro melhor, no qual as pessoas sejam capazes de viver em fraternidade. Ocorre-nos a tentação de fugir da realidade, fazer de conta que não vemos este mundo tão conturbado, confuso, em suas propostas tão sedutoras que levam milhões de pessoas à ilusão de uma liberdade cujo apoio encontra-se tão somente em ser reconhecido pela capacidade de consumo, tornando-nos servos dos bens produzidos e descartados em sucessão contínua.

A potencialização e o alcance das redes digitais revelaram-se grandes promotores da transformação da vida atual. Elas determinam o uso do tempo e a quem dedicamos nossa atenção. Boa parte da humanidade vive conectada, mas distante de si mesma e daqueles por quem dizem nutrir afeto e que são, em última instância, a razão de seu viver. Surge uma nova cultura tão multifacetada que é simplesmente impossível aplicar-lhe uma única definição. Assim, temos um arcabouço complexo construído por sociólogos, antropólogos, filósofos, economistas e vários outros atores de muitas diferentes áreas. Cada um olha para a realidade a partir do ponto em que se encontra ou daquilo que lhe é mais significativo. Não são estranhos os termos "modernidade líquida", "era do acesso", "era da hipermodernidade", "era do pós-humano", e por aí afora.

Diante de tudo isso vemos que o principal ingrediente da cultura, a pessoa, pois sem esta aquela não existe, sente-se retraída e muitas vezes isolada em meio à balbúrdia. Perdemos a rota do encontro. Já não nos encontramos nem conosco mesmos nem com os outros. Chega-se à conclusão de que há uma necessidade urgente de dar um *stop* ou ao menos um *pause*, a fim de vermos o que estamos fazendo de nós mesmos e deste mundo que habitamos. Qual o tom dessa cultura forjada entre o delírio da onipotência de quem deseja tudo possuir – e para já!? Nesse mesmo ímpeto, compreendemos a urgência de ousarmos forjar uma nova cultura. Essa cultura, no sentido radical da palavra, consiste em cultivar, cultuar e aprimorar as relações sociais, pois delas dependem o presente e o futuro das gerações que aí estão e das que virão.

O Papa Francisco, ao propor um movimento mundial em torno da educação, chama-nos a promover a "cultura do encontro". Não é mais possível que passemos ao largo de tantas realidades que dizem respeito a todos, sem nos determos e buscarmos juntos soluções para os problemas que nos circundam. Evidentemente há muitos problemas, mas o principal deles é e será sempre o problema humano. Essa questão sempre recorrente e nunca resolvida. Em que consiste e que caminhos escolher para que nossa humanidade não se resuma à dimensão racional, econômica ou outra que queira impor-se, uma vez que o valor da pessoa está muito além de qualquer reducionismo.

Ao nos dedicarmos à "cultura do encontro", enquanto *leitmotiv* do Pacto Educativo Global, proponho três pegadas: (1) a vida como projeto; (2) a educação entre luzes e sombras; e (3) educar-NOS para o encontro. Tais perspectivas serão deslindadas com a lupa do Evangelho, uma vez que este é o balizador em torno do qual sonhamos e ousamos "esperar", com corações iluminados e mangas arregaçadas, o alvorecer desta nova cultura. Não mais a cultura do individualismo, do cada um por si, mas a cultura do *encontro*, que com certeza será muito mais enriquecedora, com augúrios mais promissores para toda a humanidade.

1. A vida como projeto

"O ser humano não se entende situado no mundo como espectador; as suas funções cognitivas não se contentam em conhecer as coisas como são; o ser constrói-se também dos projetos de mudança, projetos que guiam as ações do sujeito" (NUTTIN, 1983, p. 157). A vida humana é projeto. Não nascemos prontos nem biológica, nem espiritual, nem socialmente. O homem é um ser em devir, isto é, um ser que vai se tornando pouco a pouco.

> Os seres humanos são anatomicamente indigentes, dispõem de um projeto tosco e sem finalidade precisa, mas suportam mudanças e compensam, com sua atividade inventiva, as limitações que os afligem. Transformam a necessidade em virtude e *convertem* sua imprecisão básica em estímulo e possibilidade flexível de adaptação (SAVATER, p. 24-25).

Da mesma forma como não vemos a semente germinar, mas percebemos quando a semente tornou-se broto, planta e cumpriu seu processo, é possível observar o desenvolvimento dos indivíduos no âmbito social. Nossas ações, reações e opções explicitam os projetos mais íntimos que perseguimos.

São os projetos que motivam e movem a vida. Sem eles, a vida vira absurdo e perdemo-nos na insignificância. O ser humano é ser de projeto! Mas como ele não vive só, precisa conciliar os anseios pessoais com as normas e os costumes, contribuindo para que a sociedade alcance um nível mais pleno de interação e de progresso. Aqui se encontra o ponto crucial em relação aos vínculos que se estabelecem entre o indivíduo e a sociedade em que vive: pensar a vida como um projeto, com o fim de contribuir com o seu tempo, qualificando-se e qualificando a sua presença no âmbito em que habita.

O desenvolvimento desenfreado da oferta de produtos para consumo, aliado às concepções positivistas e neoliberais que colocam a capacidade de compra acima de qualquer outro valor, têm incentivado e promovido o desenvolvimento de uma cultura egocêntrica (nas palavras do Papa: "autorreferenciais"), que levam a pessoa a ver a competição, muitas vezes deletéria, como condição *sine qua non* para sobreviver no mercado do trabalho, estendendo seus laços às relações mais pessoais, incluindo a família, a igreja e os espaços educativos. Trata-se da cultura do "salve-se quem puder".

> Projetos pessoais individualistas tendem a fortalecer a competição como meio e a meritocracia como justificativa dos resultados desiguais. Um projeto de vida articulado com o projeto de sociedade pode colocar em seu núcleo central a pessoa humana, a cooperação e a superação das desigualdades (CF, 38).

A humanidade já tem suficientes dados para compreender a impossibilidade de uma paz social e de justiça para todos, caso não haja uma mudança cultural na construção dos projetos existenciais. A sociedade não se constrói com pequenas vontades, mas com o consenso sobre os melhores caminhos, a fim de que ninguém seja negligenciado ou, o que é pior, excluído, renegado e reduzido à insignificância.

O conceito de “bem viver” compartilhado pela cultura *Kíchwa*, nascido no Equador, aponta-nos um horizonte centrado no coletivo como caminho de possibilidade diante da crise atual do capitalismo, com vistas à construção de uma nova civilização, na intenção de democratizar os espaços e compartilhar a vida. “Se o desenvolvimento trata de ‘ocidentalizar’ a vida no planeta, o bem viver resgata as diversidades, valoriza e respeita o outro” (ACOSTA, p. 90, 2016). Esta e outras iniciativas podem tornar-se âncoras preciosas no que diz respeito às reflexões sobre a característica inigualável do ser humano de mudar as coisas e a própria realidade.

Somos seres de inteligência, capazes de alterar o rumo traçado e empreender novas rotas. A qualquer tempo da vida, é possível repensar o caminho. A cultura que ora tem como apanágio o “eu” não está posta para todo o sempre. É possível pensar alternativas que promovam um pensar mais coletivo e menos individualista.

Na contramão do que determina a Organização Mundial do Comércio para os países em desenvolvimento, faz-se necessário promover uma educação que ajude a empreender um projeto de vida mais voltado para o bem da sociedade, com vistas à cidadania e à colaboratividade. Nisso constitui o mote para a proposta de Francisco, em relação ao Pacto Educativo Global: agregar forças para uma educação que humanize a pessoa.

2. A educação entre luzes e sombras

Educar nunca foi tarefa fácil. A preparação de uma pessoa para a vida sempre foi resultado artesanal de muitas mãos. Apesar de desafiadora, é pela educação que uma geração transmite à outra os valores, as lições que viabilizam a continuidade da espécie humana e, por que não dizer, a evolução da própria humanidade.

A modernidade e, em sequência, a pós-modernidade atribuíram à escola muitas outras tarefas, devido ao contexto das famílias, à pressa e aos ajustes necessários de deslocamento, de conforto e de facilidade. Hoje, não são poucas as crianças que passam praticamente o dia todo na escola. Os educadores fazem muitas vezes o papel de professores e pais. Cabe-lhes muito mais do que ensinar conteúdo. Passam a ensinar vivências, formas de relacionamento, imprimindo neles as visões de mundo, conforme lhes parece mais razoável.

A era digital, por exemplo, trouxe inúmeros desafios à educação. Recoloca-se, enfim, o lugar do professor, conduzindo-o a repensar o essencial de sua tarefa. O que por muito tempo parecia ser o centro da ação dos docentes, agora fica à margem. Urge repensar o conhecimento, de modo que o foco educativo se altere. "[...] do trabalho rotineiro que pode ser automatizado e, portanto, externalizado, para as tarefas cognitivas de ordem superior" (PÉREZ GÓMEZ, 2015, p. 24). Ser professor hoje é mais do que ensinar a pensar. É dispor-se a ensinar a pensar sobre o próprio pensamento. Refletir sobre as próprias reflexões, opções, visões de mundo e sobre o agir cotidiano.

Além disso, há também os desafios decorrentes da própria profissão do educador. O documento *Educação, Igreja e Sociedade*, número 47, da CNBB, descreveu alguns desses desafios ao recordar a desqualificação social e profissional do professor, a pouca participação da família, as questões da tecnologia sempre mais avançadas e a própria cultura como promotora de processos educativos.

Reverberando os conflitos que intrigam a sociedade, a escola vê-se na encruzilhada entre abrir-se para as questões sociais e a pecha de fazer política partidária. Nem sempre é fácil o discernimento que ajuda a garantir o respeito aos diferentes posicionamentos e ao exercício da democracia, inclusive no que diz respeito à autonomia docente. Considero esse um problema capital em âmbito educativo: o respeito à trajetória acadêmica do professor, que não é e não pode ser apenas um repassador de conteúdo, mas cuja essência da profissão consiste em instigar o livre pensamento, a pesquisa e a liberdade de expressão.

Nessa seara, a Campanha da Fraternidade explicita a necessidade de uma educação que não feche os olhos para os reais problemas que muitos educadores e gestores enfrentam:

> É preciso uma séria reflexão sobre as questões relativas à educação de qualidade social, a fim de ampliar a concepção focada apenas na escalada social individual e descomprometida com as questões humanitárias e com o futuro da sociedade onde vivem as pessoas. Urge aos responsáveis pelos programas educativos pensar: que metodologias, práticas avaliativas e opções pedagógicas e de constituição curricular permitiriam processos mais equânimes e inclusivos em todos os âmbitos da educação formal? A precariedade a que estão sujeitas algumas instituições públicas de ensino, com o enfrentamento de dificuldades que perpassam o uso inadequado de investimentos em pesquisas, extensão, até a falta de recurso para o ensino, não pode ser ignorada (CF, 114).

Obviamente não existem apenas problemas no foro educativo. Quem conhece os espaços e as práticas da grande maioria das escolas do Brasil, sabe da força hercúlea e o heroísmo de milhares de educadores trabalhando à exaustão por uma educação que garanta às gerações pelas quais são responsáveis experiências de aprendizagem, de integração, de solidariedade e criatividade. Inúmeros projetos, nascidos no chão da escola, têm ajudado a transformar a vida de comunidades por meio da educação. Congregações religiosas, redes de ensino, parcerias entre redes de ensino têm semeado esperança onde já havia poucas luzes em relação ao futuro de jovens e crianças. Isso é motivo para celebrarmos e multiplicarmos programas semelhantes, que façam a diferença na vida de muitos, especialmente dos mais pobres. Universidades e escolas saindo para além dos muros que as cercam, entrando em contato com a vida como ela é, promovendo a sensibilidade diante do sofrimento, a solidariedade para com os que mais precisam e fazendo germinar uma nova cultura, são pequenos sinais da cultura do encontro em detrimento da cultura egoísta.

Para muitos, a escola tem sido a porta por onde passam os sonhos de uma vida mais digna, que garanta espaço social a muitos "invisíveis", devido a sua colocação econômica. Infelizmente há retrocessos nas políticas públicas que garantem isonomia e acesso igualitário às classes das boas escolas e universidades.

Enfim, em qualquer âmbito educativo, faz-se importante não esquecer o essencial da missão docente:

> A tarefa educativa, o desenvolvimento de hábitos solidários, a capacidade de pensar a vida humana de forma mais integral, a profundidade espiritual são realidades necessárias para dar qualidade às relações humanas, de modo que seja a própria sociedade a reagir ante as próprias injustiças, as aberrações, os abusos dos poderes econômicos, tecnológicos, políticos e midiáticos (FT, 167).

3. Educar-NOS para o encontro

Muitas transformações ocorreram desde que o Papa Francisco nos desafiou a pensar um Pacto Global pela Educação. Pessoas de todas as classes sociais, educadores de todos os níveis de ensino, religiosos, leigos e até mesmo instituições não vinculadas a nenhum movimento eclesial têm-se envolvido em pensar ações coletivas, visando tornar realidade essa aliança por uma educação que promova os valores humanos e coloque a pessoa no centro. Bem afirmou Alonso Puig que, "[...] quando uma pessoa decide aprender, começa a mudar seu cérebro" (apud PÉREZ GÓMEZ, 2015, p. 56).

Ao acolhermos esse convite e esse – tremendo – desafio, iniciamos um processo de autoeducação para a cultura do encontro. Agora ela não é somente ideal como também já podemos vislumbrar traços de realidade encarnada. O projeto não é apenas mais um projeto. Trata-se de algo substancial que vai gestando o novo e permitindo uma experiência feliz de proposição de valores, que remetem ao essencial do viver cristão: o viver em comunidade. "Projetos são necessários, é claro, porque algo *novo* está para ser criado; algo que existe, que já se faz presente lá fora, no mundo tal como ele é, está para ser alterado" (BAUMAN, 2005, p. 3).

O que está para ser transformado, antes de tudo, tem a ver com as relações que estabelecemos e que pautam o nosso agir e viver em sociedade. Abrir-se aos outros exige um aprendizado. A cultura do encontro não acontece por acaso. Nasce do esforço pessoal e social, munida de capacidade de diálogo, de escuta e de acolhida do outro, especialmente dos diferentes.

Há, atualmente, uma tendência ao "cancelamento" dos que destoam de nossas teorias e posicionamentos. Buscamos, quase de forma inconsciente, apenas os que confirmam nossa forma de ser e de viver. Escutar, como afirma o manual da Campanha da Fraternidade, é essencial.

> O que escutamos e como escutamos orienta nosso fazer cotidiano e a própria sociedade: escutar é uma condição para nossas relações, para a compreensão do que se passa, para o diagnóstico dos caminhos que devemos tomar e, especialmente, escutar é uma condição para falar com sabedoria e ensinar com amor (CF, 2021, p. 27).

Abrir-se ao encontro, estar disposto a aprender com os outros, a compartilhar suas fraquezas e suas esperanças, lembrando-nos de que o aprender e o mudar são tarefas para a vida inteira. Nunca chegamos ao final dessa jornada tão grandiosa, que é a *autopoiese*, a autoconstrução. Tem a ver também com nossas escolhas, pois nascer é contingência, tornar-se humano é decisão. Não temos a receita de como alguém se torna humano. É preciso redescobrir a cada passo da história o que nos aproxima do ideal de humanidade, centrada na fraternidade e no amor.

No início do século XXI, Giddens dizia que estávamos vivendo "[...] num mundo de transformações, que afetam quase todos os aspectos do que fazemos" (GIDDENS, 2002, p. 17). Seguindo essa lógica, por que não poderíamos dar curso a processos que transformem os que estão ao nosso redor, os que convivem conosco, aqueles com quem estabelecemos interações educativas, afetivas e espirituais no sentido de mobilizarmos e desenvolvermos projetos que promovam essa cultura do encontro e do respeito, que nos motiva Francisco e o Pacto Global como um todo?

No alvorecer dessa nova cultura que vai sendo gestada, encontram-se as escolhas que fazemos. Os que escolhem a humanidade à massificação, o diálogo ao fechamento e o crescimento à entropia transformam-se em arautos dessa nova cultura, que surge com um novo viés embasado em uma educação aberta a um futuro inédito, em outro mundo possível.

> Os humanos devem educar os humanos e pactuar acordos entre si, mas nunca "fabricar" replicantes de acordo com projetos que os privem de sua filiação aleatória e de sua liberdade de escolha. Engendrar e criar semelhantes é humano, mas não desenhar modelos segundo o capricho de ocasionais presunções que a tecnologia permite e o mercado torna rentáveis. Que o humano reconheça o humano, em parte por ser natural e em parte por fraternidade simbólica (todos nos parecemos mais, de mil modos essenciais, do que nossa diversidade de culturas costuma revelar); que busque a humanidade sob a pluralidade de suas manifestações; que os homens cresçam e vivam entre humanos, sempre valiosos uns para os outros, porém, que jamais sejam manufatura artificial dos outros; que passem a se considerar, assimetricamente, já não como semelhantes, mas como criadores. É esse, se não me engano, o projeto que escolhe hoje a aposta pela humanidade (SAVATER, 2012, p. 154).

O Pacto Global abre à nossa frente um leque de multicores possibilidades, a fim de deixarmos marcas positivas às futuras gerações e, ao mesmo tempo, que nos ajudem a vivermos uma vida com mais leveza, compreendendo-nos como partícipes na construção de uma sociedade mais humana e fraterna.

Considerações finais

A vida cristã nunca teve e jamais terá um olhar pessimista e fadado à resignação. Pelo contrário, o evangelho sempre foi considerado o livro de inspiração para quem acredita na possibilidade da transformação. Nesse sentido, ele é revolucionário, pois revoluciona a vida e nos faz abrir os olhos para horizontes mais promissores que se descortinam diante de nós.

Teilhard de Chardin teria afirmado que "o futuro será muito mais bonito do que todos os passados". Não se trata de uma esperança vazia, de um otimismo ingênuo de quem espera milagrosamente a transformação da realidade. Ao contrário, consiste na esperança ativa de quem se põe em marcha a lutar para que, passo a passo, gradativamente, as coisas comecem a mudar.

Quem trabalha na educação, implícita e explicitamente, expressa seu ato de fé na vida, na possibilidade de crescimento e de transformação humana, mas sabe-se também incluído no *roll* dos que precisam aprender continuamente, abrindo-se ao diálogo com os diferentes, ao chamado da realidade em suas dimensões ora limitantes, ora esplendorosas.

O caminho não está feito. Dessa jornada, estamos ainda nas primeiras páginas, que estão sendo escritas. A educação e os educadores têm uma contribuição enorme em promover espaços de encontro, de escuta, de discernimento e de acolhida.

Talvez não consigamos desfazer todos os muros que ainda se levantam e que separam as pessoas, seja por ideologias políticas, classe social, religião ou outras divisões inventadas equivocadamente pela ignorância, seja mais ainda pelo desconhecimento da riqueza que habita no outro. A utopia de uma fraternidade universal ainda parece distante. Mais importante do que isso, porém, é o primeiro passo, a disposição, a liberdade interior e o empenho local para gerar pequenas fraternidades, que possam ir contagiando mais gente até que muitos compreendam e vivam a alegria do encontro e o enriquecimento mútuo. Deixemos ao Santo Padre a palavra final deste texto. Ele ressalta a importância da criação de laços entre as gerações para desfazer o fantasma aterrorizante da divisão e da exclusão. Colocar a "cultura do encontro" como prioridade na pauta educativa será nossa resposta ao apelo do pontífice, que conta conosco para tornar este mundo mais belo e mais humano.

> Uma terra será fecunda, um povo dará frutos e será capaz de gerar o amanhã apenas à medida que der vida a relações de pertença entre os seus membros, à medida que criar laços de integração entre as gerações e as diferentes comunidades que o compõem e, ainda, à medida que quebrar as espirais que obscurecem os sentidos, afastando-nos sempre uns dos outros (FT, 53).

Referências

ACOSTA, A. *O bem viver*: uma oportunidade para imaginar outros mundos. São Paulo: Autonomia Literária/Elefante, 2016.

CNBB. *Texto-base da Campanha da Fraternidade de 2022*. Brasília: Edições CNBB, 2021.

FRANCISCO, P. *Fratelli Tutti*: sobre a fraternidade e a amizade social. São Paulo: Paulinas, 2020.

GIDDENS, A. *Mundo em descontrole:* o que a globalização está fazendo de nós. Rio de Janeiro: Record, 2002.

NUTTIN, J. *Teoria della motivazione umana*: dal bisogno alla progettazione. Roma: Armando, 1983.

PÉREZ GÓMEZ, A. *Educação na era digital*: a escola educativa. Porto Alegre: Penso, 2015.

SAVATER, F. *A importância das escolhas*. São Paulo: Planeta, 2012.

II. Humanismo solidário e a educação para a alteridade

Douglas Eliesler Justen

1. Educar para humanizar

Vivemos em um mundo multifacetado e pautado por constantes transformações. Nesse sentido, muitos documentos da Igreja Católica anunciam a necessidade de compreendermos as mudanças e os novos paradigmas de nossa época, nos mais diversos contextos, bem como as múltiplas crises que nos atravessam. Publicado em 2017, o documento "Educar ao humanismo solidário: para construir uma civilização do amor 50 anos após a *Populorum progressio*" busca analisar a sociedade contemporânea e propor perspectivas a partir de um novo modelo de educação, fundamentado no humanismo solidário, que coloca a pessoa no centro do processo educativo e a humanidade torna-se o grande valor e o fim último de toda e qualquer construção de conhecimento: "Humanizar a educação significa colocar a pessoa no centro da educação, num quadro de relações que compõem uma comunidade viva, interdependente, vinculada a um destino comum. É desta maneira que é caracterizado o humanismo solidário" (CONGREGAÇÃO PARA A EDUCAÇÃO CATÓLICA, 2017, n. 8).

Partindo do pressuposto de que a educação é a principal ferramenta de transformação do ser humano e da humanidade, a Igreja propõe uma nova reflexão sobre a identidade das escolas e universidades católicas, exortando-as a serem, cada vez mais, espaços de significação do conhecimento por meio do trabalho colaborativo, de formação para a cultura do diálogo, de valorização da vida e de construção de novos saberes, possibilitando o desenvolvimento das vocações individuais e, através da solidariedade e da cooperação, a formação de pessoas disponíveis para a promoção do bem comum da sociedade global.

Na encíclica *Laudato Si'*, o Papa Francisco nos recorda que, diante do cenário atual marcado por um humanismo decadente e por diversas crises humanitárias que nos assolam, surgem emergências educativas que demandam o desenvolvimento de uma cultura de valores necessários ao enfretamento desta realidade. Há ainda "a necessidade de construir lideranças que tracem caminhos, procurando dar resposta às necessidades das gerações atuais, todos incluídos, sem prejudicar as gerações futuras" (FRANCISCO, 2015, n. 53).

Para que isso ocorra é preciso que sejam provocadas mudanças profundas no modo de pensar e fazer a prática educativa. Vivemos um período histórico de rupturas que oportunizam reinvenções em todas as dimensões da vida, e, como educadores, somos desafiados a construirmos um plano educativo que realmente atenda às necessidades das gerações atuais e futuras, que estimule o desenvolvimento da autonomia, do protagonismo, da empatia, do senso crítico, da responsabilidade e da participação social nos sujeitos educativos.

> Uma educação humanizada, portanto, não se limita a fornecer um serviço de formação, mas cuida dos seus resultados no quadro geral das capacidades pessoais, morais e sociais dos participantes no processo educativo; não pede simplesmente ao professor para ensinar e ao aluno para aprender, mas exorta cada um a viver, estudar e agir de acordo com as premissas do humanismo solidário; não prevê espaços de divisão e contraposição mas, pelo contrário, oferece lugares de encontro e debate para realizar projetos educativos válidos; trata-se de uma educação – ao mesmo tempo – sólida e aberta, que derruba

os muros da exclusividade, promovendo a riqueza e a diversidade dos talentos individuais e expandindo o perímetro da própria sala de aula a cada âmbito da experiência social em que a educação pode gerar solidariedade, partilha, comunhão (CONGREGAÇÃO PARA A EDUCAÇÃO CATÓLICA, 2017, n. 10).

Tendo como ideal a construção de uma educação humanista e não tecnicista, é necessário que eduquemos para um novo pensamento, capaz de enfrentar o individualismo e a cultura da indiferença, tão fortemente estimulados em nosso tempo. Através do trabalho educacional, se faz necessário exercitar o pensamento crítico, ético, multicultural, solidário, visando a uma autêntica cultura do encontro, porque, como nos lembra o Papa Francisco na Encíclica *Laudato Si'*, "se o coração está verdadeiramente aberto a uma comunhão universal, nada e ninguém fica excluído dessa fraternidade" (FRANCISCO, 2015, n. 92).

2. Educar para a convivência multicultural e a diversidade

O humanismo solidário tem como premissa a promoção da dignidade da pessoa humana, sem nenhuma distinção, defendendo a vida e a diversidade, mediante o enfrentamento aos preconceitos que desafiam a convivência multicultural.

As sociedades multiculturais existem desde a antiguidade. Pessoas e populações se deslocam, ao longo da história, pelos mais diferentes motivos: desastres naturais, alterações ecológicas e climáticas, guerras, conquistas, exploração do trabalho, colonização, escravidão, semiescravidão, repressão política, guerra civil e subdesenvolvimento econômico. Porém, no contexto do capitalismo tardio, vemos o alargamento das fronteiras decorrente da globalização e o intenso contato entre diferentes culturas, tradições e religiões acelerando a interação entre os povos.

Mais do que nunca é preciso que reconheçamos as particularidades e características próprias existentes entre os diferentes grupos étnicos, reforçando a necessidade de lidarmos com a pluralidade e de valorizarmos a riqueza de experiências existentes na diversidade. Para isso, a educação – e a sua natural capacidade dialética – precisa exercer o papel de desenvolver a cultura do diálogo, promovendo a abertura para o encontro entre as diversidades e a construção de um mundo melhor.

> Trata-se, em primeiro lugar, de um processo educativo no qual a busca por uma convivência pacífica e enriquecedora enraíza-se no mais amplo conceito de ser humano – na sua caracterização psicológica, cultural e espiritual – para além de qualquer forma de egocentrismo e etnocentrismo, segundo uma concepção de desenvolvimento integral e transcendente da pessoa e da sociedade (CONGREGAÇÃO PARA A EDUCAÇÃO CATÓLICA, 2017, n. 15).

Um dos principais propósitos de uma educação para a diversidade deverá ser proporcionar ao aluno o desenvolvimento de competências ético-estéticas e políticas que possibilitem o reconhecimento, a valorização e o respeito das diferenças, compreendendo a alteridade como igual em dignidade e em direitos.

São muitos os desafios que a convivência multicultural nos apresenta, principalmente no combate aos preconceitos e a intolerância; dessa forma, "a educação para o humanismo solidário tem a delicada responsabilidade de assegurar a formação de cidadãos dotados de uma adequada cultura do diálogo" (CONGREGAÇÃO PARA A EDUCAÇÃO CATÓLICA, 2017, n. 14).

De acordo com Vera Candau (2008, p. 32), as instituições educacionais precisam

> promover situações em que seja possível o reconhecimento entre os diferentes, exercícios em que promovamos o colocar-se no ponto de

vista, no lugar sociocultural do outro, nem que seja minimamente, descentrar nossas visões e estilos de afrontar as situações como os melhores, os verdadeiros, os autênticos, os únicos válidos. Para isto é necessário promover processos sistemáticos de interação com os "outros", sem caricaturas, nem estereótipos. Trata-se também de favorecer que nos situemos como "outros", os diferentes, sendo capazes de analisar nossos sentimentos e impressões. É a partir daí, conquistando um verdadeiro reconhecimento mútuo, que seremos capazes de construir algo juntos.

3. Educar para a solidariedade e a colaboração

É fundamental que uma educação para o humanismo solidário seja construída de forma colaborativa, mediante redes de cooperação, no que se refere às metodologias de aprendizagem e aos ambientes formativos, criando interfaces nas quais os atores da comunidade educativa possam interagir entre si, valorizando a adoção de comportamentos cooperativos.

A escola e a universidade católica devem ser lugares onde professores e alunos atuem juntos, construindo uma práxis baseada em metodologias ativas e interdisciplinaridade, e onde o conhecimento não é simplesmente transmitido, mas produzido em conjunto por seus atores. Nesse sentido, sugere-se a busca de paradigmas que possibilitem uma nova relação com o saber, com base na ideia de que, no processo de aprendizagem, todos os atores são aprendentes e o estudante é protagonista e agente de seu próprio aprendizado, construindo, assim, em sua identidade, as competências, habilidades e atitudes necessárias para o enfrentamento da realidade. Também os professores desenvolvem um novo papel e cria-se uma prática cooperativa e ativa entre as partes, possibilitando o compartilhamento de descobertas e a construção de novos conhecimentos.

Ken Robinson afirma que as instituições educacionais são comunidades vivas de pessoas com relacionamentos, biografias e sensibilidades únicas (ROBINSON, 2019, p. 63). Sendo um sistema vivo, tende a desenvolver características novas em resposta à plasticidade das circunstâncias. O esforço da Igreja Católica, com toda sua história e tradição na educação, em propor uma nova reflexão sobre a educação e seu papel humanizador, mostra-se fundamental para o processo de adaptação à nova realidade em que vivemos. Não se trata de descartar toda a base pedagógica construída ao longo dos séculos, mas sim de readaptá-la a um novo contexto. "Hoje, assim como em cada época, a Igreja Católica tem a responsabilidade de contribuir, com seu patrimônio de verdades e valores, para a construção do humanismo solidário" (CONGREGAÇÃO PARA A EDUCAÇÃO CATÓLICA, 2017, n. 28).

A verdadeira inclusão também é um dos pilares da educação para a solidariedade, sendo primordial a criação de redes de cooperação entre as instituições para possibilitar formação àqueles que ainda não têm a possibilidade de usufruir de uma educação de qualidade. Na perspectiva humanística, nenhum ser humano pode ser excluído, e, através da educação, a esperança e a inclusão devem ser globalizadas, perpassadas por uma ética que promova o bem da Casa Comum, assim como daqueles que nela habitam.

É imprescindível, na atualidade, que as diversas instituições sociais unam esforços, em ampla aliança educativa, com vistas ao fortalecimento de uma práxis educativa comprometida com a ética do cuidado, embasada na compreensão, nos direitos humanos, na liberdade, na justiça e na paz, educando para a solidariedade, a fraternidade e a autocompreensão do ser humano.

Sobre a importância de educar para a compreensão, Edgar Morin afirma que ela é ao mesmo tempo meio e fim da comunicação humana. O planeta necessita, em todos os sentidos, de compreensões mútuas. Dada a importância da educação para a compreensão, em todos os níveis educativos e em todas as idades, o desenvolvimento da compreensão necessita da reforma planetária das mentalidades; esta deve ser a tarefa da educação do futuro (MORIN, 2000, p. 104).

Somente uma educação para a solidariedade e para a colaboração pode ajudar a superar as consequências nocivas da ideologia individualista e hedonista da sociedade de consumo, estimulada por *relações humanas descartáveis* (BAUMAN, 2004), pela lógica performática da vida *espetacularizada* (DEBORD, 2000) e pela autoexploração do *sujeito do desempenho* (HAN, 2015).

4. Humanizar a educação para globalizar a esperança

É inquestionável que a globalização trouxe diversos benefícios, possibilitando oportunidades de desenvolvimento e de crescimento para a humanidade. Porém, ao mesmo tempo, causou desigualdades, pobreza e exclusão social. Diante disso, estamos vivendo em um mundo, como afirmou o escritor uruguaio Eduardo Galeano, "que se tornou a casa de poucos e o inferno da maioria".

Bento XVI, na encíclica *Caritas in veritate*, define de maneira lúcida uma das grandes fraturas do mundo globalizado, quando afirma que "a sociedade globalizada torna-nos vizinhos, mas não nos torna irmãos" (BENTO XVI, 2009, n. 19). Nesse cenário, o culto ao individualismo e a idolatria do eu produzem estranhamento e indiferença para com nossos semelhantes, afastando-nos cada vez mais da nossa vocação humana sociável e solidária.

Paulo Freire aponta a existência de dois caminhos para a humanidade – humanização como vocação e desumanização como negação dessa vocação:

> Pois bem, se falamos da humanização, do ser mais do homem – objetivo básico de sua busca permanente –, reconhecemos o seu contrário: a desumanização, o ser menos. Ambas, humanização e desumanização, são possibilidades históricas do homem como um ser incompleto e consciente de sua incompleticidade. Tão somente a primeira, contudo, constitui a sua verdadeira vocação. A segunda, pelo contrário, é a distorção da vocação (FREIRE, 1969, p. 127).

Para possibilitar aos seres humanos o desenvolvimento da sua verdadeira vocação, é preciso proporcionar uma educação humanizada às novas gerações desde o início da sua formação cidadã, sendo que a educação integral é o principal meio de emancipação e inclusão para qualquer pessoa. Nesse sentido, o Papa Francisco nos lembra de que a educação "é fazer nascer, é fazer crescer, coloca-se na dinâmica do dar a vida. E a vida que nasce é a fonte mais borbulhante de esperança" (FRANCISCO, 2017).

"Globalizar a esperança é a missão específica da educação para o humanismo solidário" (CONGREGAÇÃO PARA A EDUCAÇÃO CATÓLICA, 2017, n. 18). Esperança em um mundo que pode ser transformado por meio de um novo humanismo, que requer um plano educativo capaz de difundir um novo modelo de ser humano, de vida, de sociedade e de relação com o planeta (CONGREGAÇÃO PARA A EDUCAÇÃO CATÓLICA, 2017, n. 2). Isso implica uma profunda mudança em nossas ideias de mundo e de educação, partindo da formação de cidadãos não somente atuantes na comunidade local como também dotados de um compromisso com o bem comum mais amplo, com toda a família humana e o planeta, fomentando uma cultura baseada na ética intergeracional.

> Provocar a esperança, no processo educativo das novas gerações, é vivenciar propostas que dão sentido para o hoje e remetem à busca de um amanhã melhor para todos. A esperança se faz, portanto, na forma de construir respostas significativas às situações do cotidiano. Especificamente o que suscita a esperança aparece mediante as dificuldades e as alegrias da vida. Quer sejam os ganhos, quer sejam as perdas enfrentadas, elas enchem o coração de ternura e coragem para oferecer uma resposta diante dos desafios do dia a dia (ITOZ; JUNQUEIRA, 2017, p. 21).

Por fim, entendemos que a iniciativa do novo Pacto Educativo Global, com o objetivo de promover uma educação humanista, solidária e sustentável a todos os seres humanos, é de fundamental importância para fazer frente aos desafios do presente e do futuro. Espaços tradicionais de educação como a família, a escola, a universidade, as instituições sociais e as instituições religiosas, assim como toda a sociedade, precisam atuar de forma colaborativa, mediante ações educativas que possibilitem educar as novas gerações a partir da pedagogia do cuidado, da fraternidade e da ética. Como nos lembra o Papa Francisco, "não transformaremos o mundo se não mudarmos a educação".

Referências

BAUMAN, Zygmunt. *Amor líquido*: sobre a fragilidade dos laços humanos. Rio de Janeiro: Jorge Zahar Editor, 2004.

BENTO XVI. *Carta encíclica "Caritas in veritate"*. São Paulo: Paulinas, 2009.

CANDAU, Vera. Multiculturalismo e educação: desafios para a prática pedagógica. In: MOREIRA, Antônio Flávio; CANDAU, Vera Maria (Org.). *Multiculturalismo*: diferenças culturais e práticas pedagógicas. 2. ed. Petrópolis: Vozes, 2008.

CONGREGAÇÃO PARA A EDUCAÇÃO CATÓLICA. *Educar ao humanismo solidário*: para construir uma "civilização do amor" 50 anos após a *Populorum progressio*. Roma, 2017. Disponível em: https://www.vatican.va/roman_curia/congregations/ccatheduc/documents/rc_con_ccatheduc_doc_20170416_educare-umanesimo-solidale_po.html. Acesso em: 13 jan. 2022.

DEBORD, Guy. *Sociedade do espetáculo*. Rio de Janeiro: Contraponto, 2000.

FRANCISCO, Papa. *Carta Encíclica "Laudato Si'"*: sobre o cuidado da Casa Comum. São Paulo: Paulinas, 2015.

FRANCISCO, Papa. *Discurso aos participantes na Plenária da Congregação para a Educação Católica*. Sala Clementina, 9 fev. 2017. Disponível em: https://www.vatican.va/content/francesco/pt/speeches/2017/february/documents/papa-francesco_20170209_plenaria-educazione-cattolica.html. Acesso em: 14 jan. 2022.

FRANCISCO, Papa. *Discurso do Papa Francisco por Ocasião do IV Congresso Mundial de "Scholas Occurrentes"*, 05/02/2015. Disponível em: https://www.vatican.va/content/francesco/pt/speeches/2015/february/documents/papa-francesco_20150205_scholas-occurrentes.html. Acesso em: 15 jan. 2022.

FREIRE, Paulo. O papel da educação na humanização. *Revista Paz e Terra*, ano IV, n. 9, out. 1969, p. 123-132. Disponível em: http://www.acervo.paulofreire.org:8080/jspui/handle/7891/1127. Acesso em: 14 jan. 2022.

FREIRE, Paulo. *Pedagogia da esperança*. Rio de Janeiro: Paz e Terra, 1992.

HAN, Byung-Chul. *Sociedade do cansaço*. Petrópolis: Vozes, 2017.

ITOZ, Sônia; JUNQUEIRA, Sérgio. Humanizar a educação, globalizar a esperança. *Rev. Educ.*, Brasília, ano 40, n. 154,

p. 13-31, jul./dez. 2017. Disponível em: https://revistas.anec.org.br/index.php/revistaeducacao/article/view/72/29. Acesso em: 14 jan. 2022.

MORIN, Edgar. *Os sete saberes necessários à educação do futuro*. São Paulo: Cortez, 2000.

MOREIRA, Antônio; CANDAU, Vera (Org.). *Multiculturalismo*: diferenças culturais e práticas pedagógicas. 2. ed. Petrópolis: Vozes, 2008.

ROBINSON, Ken. *Escolas criativas*: a revolução que está transformando a educação. Porto Alegre: Penso, 2019.

III. Alfabetização integral: o que requer essa proposta?

Daniela Pedra Mattos

Em tempos de retomadas necessárias, ainda vivenciadas por um período pandêmico, é salutar retomar reflexões sobre a temática proposta – Alfabetização integral: o que requer essa proposta?

A forma de pergunta proposta nos permite aprofundar nossas reflexões sobre este tema que nos é tão caro, principalmente diante do momento vivido e para além dele. Nesse contexto altamente desafiador que é a área da educação, nos cabe, de forma desassossegada, trazer à luz da teoria e da prática o cenário da alfabetização das milhares de crianças nas escolas públicas e privadas do país, bem como, ao analisá-lo, trazer elementos que possam corroborar com esse conceito, que se chama "alfabetização integral".

Revisitar o conceito de alfabetização e seu percurso nas últimas décadas se faz pertinente para que possamos imergir nas reflexões propostas para esta escrita. Assim, esta escrita tem a intencionalidade de promover reflexões significativas sobre o conceito de "alfabetização integral", e para tanto, neste primeiro momento, revisitaremos a trajetória da alfabetização ao longo das duas últimas décadas (entre os anos 2000 e 2020), para que possamos contextualizar esse caminhar para chegar à alfabetização integral.

1. Alfabetização: um novo caminhar, outras perspectivas

Foi a professora e escritora Magda Soares quem potencializou o conceito de "alfabetização" nas escolas brasileiras. Para Soares

(2003), "alfabetização é um processo de aprendizagem no qual o indivíduo desenvolve a competência de ler e escrever".

Durante muito tempo a alfabetização teve seu papel singular não valorizado como deveria. Ler, escrever, decodificar. Com o passar dos anos, a Educação Básica teve seu papel reconhecido e, com ela, a alfabetização foi entendida como um processo, o que foi de grande valia. Assim, os anos dois mil trouxeram um novo olhar para o processo de alfabetização, e novamente Magda Soares acrescentou ao conceito de alfabetização o conceito de letramento, reiterando que "o letramento se ocupa da função social dessa leitura e dessa escrita. São processos complexos, mas que devem caminhar juntos" (SOARES, 2003).

Segundo Soares (2003), "Letrar é mais que alfabetizar, é ensinar a ler e escrever dentro de um contexto onde a escrita e a leitura tenham sentido e façam parte da vida do aluno". Para tanto, cuidados serão necessários ao conduzir a alfabetização.

Assim, a alfabetização e o letramento passaram a fazer parte das práticas pedagógicas de professores e professoras de escolas públicas e privadas do país.

Alfabetizar e letrar, na perspectiva da Magda Soares, são indissociáveis, pois preparam o aluno para além da escrita e da leitura, mas como uma prática social, para que o aluno encontre significado na leitura e na escrita, e estas tenham sentido para sua vida.

Magda Soares apresenta em seu livro *Letramento: um tema em três gêneros*, de 2009, p. 41, um poema escrito por uma estudante norte-americana, de origem asiática, Kate M. Chong, que, ao escrever sua história pessoal de letramento, o define assim:

> ***O que é letramento?***
> *Letramento não é um gancho*
> *em que se pendura cada som enunciado,*
> *não é treinamento repetitivo*

de uma habilidade,
nem um martelo quebrando blocos de gramática.
Letramento é diversão, é leitura
à luz de vela ou lá fora, à luz do sol.
São notícias sobre o presidente,
o tempo, os artistas da TV
e mesmo Mônica e Cebolinha
nos jornais de domingo.
É uma receita de biscoito, uma lista de compras,
recados colados na geladeira,
um bilhete de amor, telegramas de parabéns
e cartas de velhos amigos.
É viajar para países desconhecidos,
sem deixar sua cama,
é rir e chorar
com personagens, heróis e grandes amigos.
É um atlas do mundo,
sinais de trânsito, caças ao tesouro,
manuais, instruções, guias,
e orientações em bulas de remédios,
para que você não fique perdido.
Letramento é, sobretudo, um mapa do coração do homem,
um mapa de quem você é, e de tudo que você pode ser.

E por meio deste poema ela acrescenta:

> O poema mostra que letramento é muito mais que alfabetização. Ele expressa muito bem como o letramento é um estado, uma condição: o estado ou condição de quem interage com diferentes portadores de leitura e de escrita, com diferentes gêneros e tipos de leitura e de escrita, com as diferentes funções que a leitura e a escrita desempenham na nossa vida. Enfim: letramento é o estado ou condição de quem se envolve nas numerosas e variadas práticas sociais de leitura e de escrita (SOARES, 2019, p. 41).

Foi nessa concepção que avançamos nos anos iniciais, compreendendo que alfabetizar e letrar potencializavam as práticas pedagógicas, e estas, encharcadas de vivências e de sentido, estariam potencializando o desenvolvimento cognitivo das nossas crianças, as quais viam o sentido na leitura e na escrita.

O PNAIC (Programa Nacional de Alfabetização na Idade Certa), criado em 2012, foi um compromisso formal assumido pelos governos federal, do Distrito Federal, dos estados e municípios de assegurar que todas as crianças estivessem alfabetizadas até os oito anos de idade, ao final do 3º ano do Ensino Fundamental, e consigo trouxe essa concepção de alfabetização e letramento, em processos formativos para todos os professores brasileiros, através das universidades federais. Obtiveram avanços significativos, considerando que os processos formativos oferecidos aos professores tinham o olhar para as práticas pedagógicas docentes, não estabelecendo metodologia, mas oportunizando o olhar para essa alfabetização e letramento, já conhecida pelo olhar de Magda Soares.

Entre os anos de 2012 e 2015, emerge outro conceito, intitulado "multiletramento", o qual vai além do letramento, preconizado e refletido por Roxane Rojo (2012). Para ela, o conceito de multiletramento é a

> existência de uma multiplicidade de linguagens nos textos (impressos, digitais, em mídias audiovisuais) que circulam na diversidade cultural. Esses textos são interativos, colaborativos, híbridos em linguagens, mídias e culturas (ROJO, 2012).

A autora vai além, considerando o "multi – a multiculturalidade característica das sociedades globalizadas e a multimodalidade dos textos por meio dos quais a multiculturalidade se comunica e informa; o grupo cunhou um termo ou conceito novo: multiletramentos" (ROJO, 2012, p. 13).

Assim, as autoras Magda Soares e Roxane Rojo trouxeram conceitos potenciais para educação das crianças brasileiras, no que tange aos avanços no processo alfabetização e multiletramentos, considerando os avanços decorrentes da era globalizada e tecnológica.

Assim, diante desses avanços potenciais, em que as informações se multiplicam em milésimos de segundos, foi preciso também reanalisar os processos nas formas de ensinar e aprender entre professores e alunos em todas as esferas da educação brasileira. Sendo que a inserção dos gêneros multimodais no ensino do Português no Brasil também foi destaque no Programa Nacional do Livro Didático (PNLD). A série publicada em 2014 apontou, dentre os critérios eliminatórios para a escolha das coleções de Língua Portuguesa, que o tratamento didático dado ao ensino de aprendizagem da leitura e da escrita deveria "considerar o impacto dos novos suportes e tecnologias de escrita sobre a construção e a reconstrução dos sentidos de um texto" e "[...] abordar efetivamente os modos de ler e de escrever característicos dos textos multimodais e dos hipertextos, promovendo os diferentes letramentos envolvidos em sua leitura e produção" (PNLD, 2014, p. 92-93).

Entre os anos 2016 e 2017, as discussões sobre a Base Nacional Comum Curricular (BNCC) se potencializam e as discussões entre professores de todas as regiões brasileiras se intensificam, buscando construir um documento nacional que fosse potencial para nortear a Educação Básica no país.

Assim, a BNCC foi homologada em dezembro de 2018, sendo um

> documento de caráter normativo que define o conjunto orgânico e progressivo de aprendizagens essenciais, que todos os alunos devem desenvolver ao longo das etapas e modalidades da Educação Básica, estabelecendo conhecimentos, competências e habilidades que se espera que todos os estudantes desenvolvam ao longo da escolaridade básica. Orientada pelos princípios éticos, políticos e estéticos traçados pelas

> Diretrizes Curriculares Nacionais da Educação Básica, a Base soma-se aos propósitos que direcionam a educação brasileira para a formação humana integral e para a construção de uma sociedade justa, democrática e inclusiva (BNCC, 2018).

A partir daí, pautada em dez competências gerais, a BNCC efetivou a concepção de formação integral do aluno, em todas as suas dimensões, reiterando e potencializando o que já vinha sendo refletido e instituído em documentos oficiais desde 2010:

> Nos dois primeiros anos do Ensino Fundamental, a ação pedagógica deve ter como foco a alfabetização, a fim de garantir amplas oportunidades para que os alunos se apropriem do sistema de escrita alfabética de modo articulado ao desenvolvimento de outras habilidades de leitura e de escrita e ao seu envolvimento em práticas diversificadas de letramentos. Como aponta o Parecer CNE/CEB n. 11/2010, "os conteúdos dos diversos componentes curriculares [...], ao descortinarem às crianças o conhecimento do mundo por meio de novos olhares, lhes oferecem oportunidades de exercitar a leitura e a escrita de um modo mais significativo" (BRASIL, 2010).

Nessa perspectiva, a BNCC foi homologada, reiterando esse olhar para a criança em suas múltiplas faces desde a Educação Infantil:

> A BNCC do Ensino Fundamental – Anos Iniciais, ao valorizar as situações lúdicas de aprendizagem, aponta para a necessária articulação com as experiências vivenciadas na Educação Infantil. Tal articulação precisa prever tanto a progressiva sistematização dessas experiências quanto o desenvolvimento, pelos alunos, de novas *formas de relação* com o mundo, novas possibilidades de ler e formular hipóteses sobre os fenômenos, de testá-las, de refutá-las, de elaborar conclusões, em uma atitude ativa na construção de conhecimentos. Nesse período da vida, as crianças estão vivendo mudanças importantes em seu processo de desenvolvimento que repercutem em suas relações consigo mesmas, com os outros e com o mundo. Como destacam as DCN, a maior

desenvoltura e a maior autonomia nos movimentos e deslocamentos ampliam suas interações com o espaço; a relação com múltiplas linguagens, incluindo os usos sociais da escrita e da matemática, permite a participação no mundo letrado e a construção de novas aprendizagens, na escola e para além dela; a afirmação de sua identidade em relação ao coletivo no qual se inserem resulta em formas mais ativas de se relacionarem com esse coletivo e com as normas que regem as relações entre as pessoas dentro e fora da escola, pelo reconhecimento de suas potencialidades e pelo acolhimento e pela valorização das diferenças (BNCC, 2018)

Esse "reolhar" para a educação, com a participação de milhares de professores brasileiros, talvez não tenha sido construído como o sonhado, mas em uma perspectiva possível, respeitando a criança e potencializando o desenvolvimento de suas múltiplas aprendizagens.

> Ao longo do Ensino Fundamental – Anos Iniciais, a progressão do conhecimento ocorre pela *consolidação das aprendizagens anteriores* e pela *ampliação das práticas* de linguagem e da experiência estética e intercultural das crianças, considerando tanto seus interesses e suas expectativas quanto o que ainda precisam aprender. Ampliam-se a autonomia intelectual, a compreensão de normas e os interesses pela vida social, o que lhes possibilita lidar com sistemas mais amplos, que dizem respeito às relações dos sujeitos entre si, com a natureza, com a história, com a cultura, com as tecnologias e com o ambiente. Além desses aspectos relativos à aprendizagem e ao desenvolvimento, na elaboração dos currículos e das propostas pedagógicas devem ainda ser consideradas medidas para assegurar aos alunos um *percurso contínuo de aprendizagens entre as duas fases do Ensino Fundamental*, de modo a promover uma maior integração entre elas (BRASIL, 2010).

Ao analisar a teoria se percebe que há, intrinsicamente, um movimento forte para potencializar a educação durante as duas primeiras décadas dos anos dois mil. Avançamos mais que em décadas anteriores, considerando que foi nos anos 1990 que a Lei de Diretrizes e

Bases da Educação Básica foi homologada, o que representou o grande marco para a educação brasileira. No entanto, nas duas primeiras décadas dos anos dois mil, havia uma urgência de que a educação fizesse sentido para os estudantes brasileiros. E foi nesse contexto de urgências que emergiu as discussões sobre a Base Nacional Comum Curricular, sendo que a concepção de "educação integral" foi potente e pertinente, diante do cenário vivido pela educação brasileira.

2. Alfabetização integral: um novo conceito?

Para refletir sobre o conceito de "alfabetização integral" é preciso, em um primeiro momento, revisitar as dez competências da BNCC, para que se possa compreender o papel da alfabetização e o conceito trazido para a *alfabetização integral*.

Considera-se que o objetivo das competências gerais da BNCC é proporcionar uma transformação na educação, para que as escolas possam se adequar às novas demandas e problemas da sociedade. Assim, revisitamos essas dez competências:

1. *Conhecimento:* Valorizar e utilizar os conhecimentos historicamente construídos sobre o mundo físico, social, cultural e digital, para entender e explicar a realidade, continuar aprendendo e colaborar para a construção de uma sociedade justa, democrática e inclusiva.
2. *Pensamento científico, crítico e criativo:* Exercitar a curiosidade intelectual e recorrer à abordagem própria das ciências, incluindo a investigação, a reflexão, a análise crítica, a imaginação e a criatividade, para investigar causas, elaborar e testar hipóteses, formular e resolver problemas e criar soluções (inclusive tecnológicas), com base nos conhecimentos das diferentes áreas.
3. *Repertório cultural:* Valorizar e fruir as diversas manifestações artísticas e culturais, das locais às mundiais, e também participar de práticas diversificadas da produção artístico-cultural.

4. *Comunicação:* Utilizar diferentes linguagens – verbal (oral ou visual-motora, como Libras, e escrita), corporal, visual, sonora e digital –, bem como conhecimentos das linguagens artísticas, matemática e científica, para se expressar e partilhar informações, experiências, ideias e sentimentos em diferentes contextos, além de produzir sentidos que levem ao entendimento mútuo.
5. *Cultura digital:* Compreender, utilizar e criar tecnologias digitais de informação e comunicação de forma crítica, significativa, reflexiva e ética nas diversas práticas sociais (incluindo as escolares), para se comunicar, acessar e disseminar informações, produzir conhecimentos, resolver problemas e exercer protagonismo e autoria na vida pessoal e coletiva.
6. *Trabalho e projeto de vida:* Valorizar a diversidade de saberes e vivências culturais, apropriar-se de conhecimentos e experiências que lhe possibilitem entender as relações próprias do mundo do trabalho e fazer escolhas alinhadas ao exercício da cidadania e ao seu projeto de vida, com liberdade, autonomia, consciência crítica e responsabilidade.
7. *Argumentação:* Argumentar com base em fatos, dados e informações confiáveis, para formular, negociar e defender ideias, pontos de vista e decisões comuns que respeitem e promovam os direitos humanos, a consciência socioambiental e o consumo responsável em âmbito local, regional e global, com posicionamento ético em relação ao cuidado de si mesmo, dos outros e do planeta.
8. *Autoconhecimento e autocuidado:* Conhecer-se, apreciar-se e cuidar de sua saúde física e emocional, compreendendo-se na diversidade humana e reconhecendo suas emoções e as dos outros, com autocrítica e capacidade para lidar com elas.
9. *Empatia e cooperação:* Exercitar a empatia, o diálogo, a resolução de conflitos e a cooperação, fazendo-se respeitar e

promovendo o respeito ao outro e aos direitos humanos, com acolhimento e valorização da diversidade de indivíduos e de grupos sociais, seus saberes, suas identidades, suas culturas e suas potencialidades, sem preconceitos de nenhuma natureza.

10. *Responsabilidade e cidadania:* Agir pessoal e coletivamente com autonomia, responsabilidade, flexibilidade, resiliência e determinação, tomando decisões com base em princípios éticos, democráticos, inclusivos, sustentáveis e solidários.

Dessa forma, a Educação Básica está ancorada em dez competências gerais, as quais norteiam o ensino brasileiro, primando pelo ensino pautado em habilidades e competências, formando pessoas de forma integral e considerando as habilidades socioemocionais como essenciais para o desenvolvimento da aprendizagem.

Nessa perspectiva, de acordo com a BNCC, a *educação integral*

> tem como propósito a formação e o desenvolvimento global dos estudantes, compreendendo "a complexidade e a não linearidade desse desenvolvimento, rompendo com visões reducionistas que privilegiam ou a dimensão intelectual (cognitiva) ou a dimensão afetiva" (BNCC, 2017, p. 14).

E é a partir do conceito de "educação integral" que propomos aqui refletir sobre o conceito de "alfabetização integral", em um outro cenário da educação brasileira, em um momento de retomada das aprendizagens, considerando praticamente dois anos de pandemia, em que as escolas do país precisaram se reinventar para fazer a educação acontecer, mediadas por tecnologia ou não, considerando que foi um período altamente desafiador não somente para a educação como também para todas as esferas sociais.

3. Conceito de "alfabetização integral"

Trazer à luz das reflexões docentes o caminho percorrido pela alfabetização nos últimos anos também propõe um olhar que vai além da aprendizagem em si e nos convida a olhar para o cenário social vivido e, desassossegadamente, promover novas reflexões ou refazer as que costumeiramente fazíamos, revisitando conceitos imprescindíveis para que as práticas pedagógicas sejam, cada vez mais, impregnadas de sentido e possamos promover uma educação com significado para nossos estudantes.

Para tanto, é preciso também reconhecer os avanços da sociedade globalizada e tecnológica, que está em movimento permanente, permeada pela informação e pela comunicação, em que todos nós, inclusive as crianças, fazemos parte intrinsecamente. Esse cenário impregnado de múltiplas aprendizagens requer ousadia, reinvenção permanente, e para isso nossos professores têm *expertise*, sabem o que fazer e como fazer. No entanto, como o processo de ensinar e aprender é concomitante e permanente, deve-se aprofundar conhecimentos, e, para tal, o estudo é incessante. Nunca paramos de buscar e aprender.

Sendo assim, conceituamos a alfabetização integral como o desenvolvimento de um processo que ultrapassa a escrita, a leitura de textos e multicontextos, tendo como referência a criança em todas as suas dimensões: cognitivas, físicas, culturais e socioemocionais. Prima pela criança nas suas múltiplas faces e, com todas elas, constrói um conhecimento com sentido, para elas irem além da escrita e da leitura e, desde a infância, serem consideradas altamente capazes de comunicar-se, agir e interagir nos mais diferentes espaços sociais. A alfabetização integral é um processo de múltiplas aprendizagens, que vai construindo possibilidades com os infantes, valorizando-os, oportunizando, instigando e ampliando suas capacidades de ler e interpretar o mundo com um olhar humano, solidário e, por consequência, ao longo dos anos, competente.

Essa alfabetização integral nasce do conceito de "educação integral" preconizado pela BNCC, tendo como pano de fundo as habilidades socioemocionais e a ludicidade, as quais já vêm potencializadas desde a Educação Infantil com os direitos de aprendizagem, o que se faz necessário retomar nesse contexto da alfabetização integral. São esses direitos de aprendizagem que alicerçam a base para a alfabetização integral:

- *Conviver* com outras crianças e adultos, em pequenos e grandes grupos, utilizando diferentes linguagens, ampliando o conhecimento de si e do outro, o respeito em relação à cultura e às diferenças entre as pessoas.
- *Brincar* cotidianamente de diversas formas, em diferentes espaços e tempos, com diferentes parceiros (crianças e adultos), ampliando e diversificando seu acesso a produções culturais, seus conhecimentos, sua imaginação, sua criatividade, suas experiências emocionais, corporais, sensoriais, expressivas, cognitivas, sociais e relacionais.
- *Participar* ativamente, com adultos e outras crianças, tanto do planejamento da gestão da escola e das atividades propostas pelo educador quanto da realização das atividades da vida cotidiana, tais como a escolha das brincadeiras, dos materiais e dos ambientes, desenvolvendo diferentes linguagens e elaborando conhecimentos, decidindo e se posicionando.
- *Explorar* movimentos, gestos, sons, formas, texturas, cores, palavras, emoções, transformações, relacionamentos, histórias, objetos, elementos da natureza, na escola e fora dela, ampliando seus saberes sobre a cultura, em suas diversas modalidades: as artes, a escrita, a ciência e a tecnologia.
- *Expressar*, como sujeito dialógico, criativo e sensível, suas necessidades, emoções, sentimentos, dúvidas, hipóteses, descobertas, opiniões, questionamentos, por meio de diferentes linguagens.
- *Conhecer-se* e construir sua identidade pessoal, social e cultural, constituindo uma imagem positiva de si e de seus grupos de pertencimento, nas diversas experiências de cuidados, interações,

brincadeiras e linguagens vivenciadas na instituição escolar e em seu contexto familiar e comunitário (BNCC, 2018).

E é nesse contexto infante, potencializado pelos direitos de aprendizagem, os quais são desenvolvidos dentro de cinco campos de experiências e objetivos de aprendizagem, que o desenvolvimento cognitivo das crianças é potencializado, preparando-os por meio das brincadeiras e inteiração – eixos que sustentam a Educação Infantil – que as crianças ingressam, nos anos inicias, mais precisamente no ciclo de alfabetização integral. Por isso, a relevância de considerar como imprescindível a infância e, com ela, o relevante papel da Educação Infantil como base para um novo ciclo na vida estudantil dos infantes.

> A BNCC do Ensino Fundamental – Anos Iniciais, ao valorizar as situações lúdicas de aprendizagem, aponta para a necessária *articulação com as experiências vivenciadas na Educação Infantil*. Tal articulação precisa prever tanto a *progressiva sistematização* dessas experiências quanto o desenvolvimento, pelos alunos, de novas *formas de relação* com o mundo, novas possibilidades de ler e formular hipóteses sobre os fenômenos, de testá-las, de refutá-las, de elaborar conclusões, em uma atitude ativa na construção de conhecimentos (BNCC, 2018).

Nesse mundo de possibilidades, o papel da alfabetização integral é indispensável para que possamos, cada vez mais, qualificar a educação brasileira. E essa qualificação emerge na sala de aula em uma inter-relação amorosa entre professores e alunos, que aprendem e ensinam uns aos outros, construindo pontes de humanidade, para além dos componentes curriculares, em uma leitura humana do mundo.

Considerações finais

Verdadeiramente, as reflexões trazidas aqui não findam, porque há uma necessidade de retomá-las de forma coletiva, quem sabe em processos formativos entre professores. Esse é o caminho que provavelmente ainda percorreremos, pois é entre os pares que as reflexões se aguçam e se potencializam.

Falar de uma alfabetização integral é trazer à tona uma abordagem complexa e altamente significativa. Esse cenário em movimento, oriundo de uma sociedade globalizada e tecnológica, movida pela informação de forma acelerada, requer de nós professores ousadia, inquietude e ação. É altamente desafiador estar na escola edificando vidas. Realmente não é para qualquer profissional. É para nós, *professores*!

Para tal, é preciso polir ideias, aprofundar conhecimentos, estudar e novamente não se cansar de aprender a aprender. Não estamos prontos. A escola é um espaço de aprendizagem permanente, entre professores e alunos. Mais aprendemos do que ensinamos, porque nosso papel docente é de ponte para que os alunos, orientados por nós e utilizando-se de toda a gama de informações fidedignas, possam aprender a aprender e, assim, qualificarem e ampliarem suas aprendizagens, desde a Educação Infantil.

Indo ao encontro dessa premissa, Freire enfatiza que: "[...] outro saber de que não posso duvidar um momento sequer da minha prática educativo-crítica é o de que, como experiência especificamente humana, a educação é uma forma de intervenção no mundo" (Freire, 1996, p. 110). É intervindo, questionando, aprendendo que edificamos vidas e construímos aprendizagens para além dos bancos escolares.

Repensar, reavaliar, produzir sentido e vida nas aulas, em uma reflexão crítica sobre a prática docente, "envolve movimento dinâmico, dialético, entre o fazer e o pensar sobre o fazer" (FREIRE, 1996, p. 43). Esse é o convite para uma alfabetização integral, de cada vez mais produzir sentido em nossas aulas, considerando esse aluno infante como um universo de possibilidades criativas, inteligentes e, sobretudo, humanas.

Sendo assim, é na sala de aula, enfeitada de gente e de práticas pedagógicas significativas, que é possível mudar o mundo para melhor. Professores e alunos multiplicando saberes e aprendizagens, com respeito, solidariedade e humanidade, esse é o caminho.

Referências

BRASIL. Ministério da Educação. 2010.

BRASIL. Ministério da Educação. *Base Nacional Comum Curricular*. Brasília, 2018.

FREIRE, P. *Pedagogia da esperança*: um reencontro com a Pedagogia do Oprimido. Rio de Janeiro: Paz e Terra, 1992.

FREIRE, P. *Pedagogia da autonomia*: saberes necessários à prática educativa. São Paulo: Paz e Terra, 1996.

MATTOS, D. P. *A boniteza da reinvenção*: práticas docentes em meio à pandemia. Porto Alegre: Marcon Brasil, 2021.

ROJO, R. Entrevista: Multiletramentos, multilinguagens, novas aprendizagens. Universidade Federal do Ceará/Grupo de Pesquisa da Relação Infância, Adolescência e Mídia, 2013. Em: *Revista Práticas de Linguagem*, v. 6 especial – Escrita discente, 2016.

ROJO, R.; MOURA, E. *Multiletramentos na escola*. São Paulo: Parábola, 2012.

SOARES, M. *Letramento*: um tema em três gêneros. 3. ed. Belo Horizonte: Autêntica, 2009.

IV. Pacto educativo global, ensino religioso e pastoral escolar: uma articulação em diferentes espaços

José Adilson Antunes

Por onde começamos...

Em tempos de polarizações, ideologias radicais e fundamentalismos, o Papa Francisco nos propõe um caminho de reflexão, de olhar interior com o pensamento no coletivo, no cuidado com a Casa Comum, na valorização do *ser* e no respeito à diversidade. De certa forma, esse novo olhar trazido pelo Sumo Pontífice tende a desacomodar toda pessoa que se diz e se sente humana, preocupada com a continuidade da vida neste planeta, em todas as esferas de serviço à sociedade. Na educação, não seria diferente. Ao propor um Pacto Educativo Global, o Papa quer o envolvimento das comunidades educativas na árdua tarefa de propor às novas gerações (e às antigas, também) um caminho para o humanismo solidário e a cidadania planetária, compreendendo que somos muitos na unidade em Cristo Jesus.

Nesse contexto, a Escola Católica, imbuída dos princípios do Evangelho e dos valores de cada carisma congregacional, assume uma tarefa de grande relevância para a sociedade: educar a pessoa na sua integralidade, contemplando *saber, ser, conviver e fazer*, de forma harmônica, complementar e integrada. Assim, um currículo escolar que se propõe transformador coloca a pessoa no centro, partindo do reconhecimento da identidade própria de cada um e reconhecendo a sua dignidade enquanto imagem e semelhança do Criador. Para que se coloque em prática esse propósito, há que compreender o sentido e a relação que existe entre o Ensino Religioso e a Pastoral Escolar, no sentido de que a instituição educativa católica seja uma "Escola em Pastoral".

Da mesma forma, há que considerar que também a Escola Pública, comprometida com o desenvolvimento pleno do estudante e seu preparo para o exercício da cidadania, precisa oportunizar às suas comunidades escolares uma educação que gere compromisso social e um olhar atento às necessidades das pessoas, em um contexto de diversidade cultural, religiosa, social e econômica. E também nesse contexto público-estatal, o Ensino Religioso, enquanto componente curricular, juntamente com os demais componentes e áreas da Educação Básica, realiza sua prática pedagógica com o intuito de, partindo dos diferentes conhecimentos religiosos, compreender o compromisso social de todos, que envolve a valorização e o respeito pela vida e pela dignidade humana. Assim, seja na Escola Pública, seja na Escola Católica, o Ensino Religioso tem a tarefa de apontar caminhos, firmando a identidade e respeitando a alteridade.

1. O Ensino Religioso e o Pacto Educativo Global

A educação integral é uma das finalidades da Educação Nacional indicada na Constituição Federal de 1988 e ratificada na Lei de Diretrizes e Bases da Educação Nacional – LDBEN 9.394/1996. Esse conceito está intimamente relacionado ao que o Pacto Educativo Global pretende e à proposta de Ensino Religioso presente na Base Nacional Comum Curricular, destacando-se, em particular, a tarefa de "contribuir para que os educandos construam seus sentidos pessoais de vida a partir de valores, princípios éticos e da cidadania" (BNCC, p. 434), em uma perspectiva de conhecimento do fenômeno religioso presente na diversidade religiosa e cultural brasileira, adotando "a pesquisa e o diálogo como princípios mediadores e articuladores dos processos de observação, análise, apropriação e ressignificação de saberes [...]", proporcionando a revitalização da própria identidade em um contexto de diversidade. Nesse sentido, o Ensino Religioso é um componente curricular de presença indispensável na Escola Católica e na Escola Pública, porque a sua principal tarefa está no compromisso com a educação integral da pessoa, que se dá nas relações estabelecidas no ambiente escolar.

> Muitos estudiosos da educação enfatizaram que não é o professor a educar o aluno numa transmissão unidirecional, nem é o aluno a construir o seu próprio conhecimento, mas é o relacionamento deles que os educa mutuamente num intercâmbio dialógico que os pressupõe e, ao mesmo tempo, os supera (*Instrumentum Laboris*, p. 13).

Nesse sentido, a própria BNCC compreende que o ser humano se constrói a partir das relações tecidas em cada contexto histórico-social, oportunizando o crescimento da pessoa pelas trocas realizadas, pelo diálogo estabelecido, pela alteridade vivenciada. A escola é o espaço privilegiado para que crianças, adolescentes e jovens aprendam com as diferenças o significado do respeito à diversidade. E esse aprendizado fundamenta-se no desenvolvimento de uma importante dimensão do ser humano: a religiosidade. Ela é a dimensão mais profunda da totalidade humana, é a abertura ao transcendente, é o sentido radical da existência. Para Sandrini (2015), a religiosidade é a mais profunda de todas as funções da vida humana, pois é a busca por respostas a grandes perguntas existenciais a respeito do sentido da vida: quem somos? De onde viemos? Para onde vamos? O Ensino Religioso pode contribuir com a caminhada dos estudantes nessa busca pelo sentido da vida, sem proselitismo, mas apontando chaves de leitura que possibilitem ao estudante a tomada de consciência de si e de sua realidade transcendental.

Diante dessa realidade, é tarefa da escola propiciar momentos em que o estudante possa conhecer, aprofundar, discutir, questionar e fundamentar a sua dimensão religiosa, que não se desenvolve isoladamente, mas no cotidiano das relações com os iguais e com os diferentes.

> Aproximar-se, expressar-se, ouvir-se, olhar-se, conhecer-se, esforçar-se por entender-se, procurar pontos de contato: tudo isso se resume no verbo "dialogar". Para nos encontrarmos e ajudarmos mutuamente, precisamos dialogar. Não é necessário dizer para que serve o diálogo; é suficiente pensar como seria o mundo sem o diálogo paciente de tantas pessoas generosas, que mantiveram unidas famílias e comunidades (FT, n. 198).

Na perspectiva do Pacto Educativo Global, o Ensino Religioso está comprometido com a educação para o diálogo e a paz. E, nesse sentido, é um componente que, na sua prática cotidiana na escola, "envolve o diálogo com o diferente, com as diferenças e com o universo da pluralidade do povo brasileiro, no respeito à liberdade religiosa de cada pessoa cidadã" (CARON, 2017, p. 62). E diálogo é muito mais do que simplesmente conversar para conhecer o outro.

> Mas o autêntico diálogo ocorre em um quadro ético de requisitos e atitudes formativas, bem como de objetivos sociais. Os requisitos éticos para dialogar são a liberdade e a igualdade: os participantes do diálogo devem estar livres de seus interesses contingentes e estar dispostos a reconhecer a dignidade de todos os interlocutores (CONGREGAÇÃO PARA A EDUCAÇÃO CATÓLICA, 2018, p. 17).

No entanto, é preciso compreender que promover uma educação para o diálogo e a paz nas escolas, respeitando a liberdade e a igualdade, não é tarefa exclusiva do Ensino Religioso. O Projeto Político Pedagógico das instituições educativas precisa considerar estratégias e metodologias que possibilitem que todas as ações, na e da escola, favoreçam o desenvolvimento de atitudes e posturas de diálogo e de paz, estendendo-se para todos os ambientes em que os atores do processo educativo estejam inseridos, estabelecendo uma grande aliança entre a escola, a família e a sociedade, como insiste o Papa Francisco, em que todos na aldeia estejam comprometidos com a educação das crianças e dos jovens.

Mas, com tanta especificidade e dada sua característica voltada à inter-religiosidade, de acordo com a legislação vigente e as definições da Base Nacional Comum Curricular, de que maneira o Ensino Religioso pode contribuir para o alcance dos objetivos do Pacto Educativo Global? Essa é uma reflexão que todos os educadores precisamos realizar, considerando os objetivos do componente, a função social da escola e o chamado do Papa Francisco a reconhecer-nos como companheiros de estrada, verdadeiramente irmãos, capazes de buscar a Deus de coração sincero, superando ideologias e fundamentalismos (FT, 2020). E aqui o Ensino Religioso, aliado aos demais componentes e áreas do conhecimento, assume um papel muito importante: de ser includente, respeitando a identidade própria de cada estudante, acolhendo diferentes pontos de vista e construindo consensos, tendo a dignidade da pessoa e a educação humanista como pontos de partida e horizontes a serem perseguidos.

2. A Pastoral Escolar e o Pacto Educativo Global

Diversa do Ensino Religioso, mas com atuação integrada e complementar, a Pastoral Escolar está inserida no contexto educacional, enquanto ação evangelizadora, dentro do ambiente escolar. Ela é a ação evangelizadora organizada na Escola Católica, articulada a pastorais diversas, "com coordenação escolar específica, planejamento próprio, carismas e projetos específicos de cada instituição ou congregação religiosa mantenedora" (CNBB, 2016, n. 71). Assim como no Ensino Religioso, na Pastoral Escolar "o diálogo é algo fundamental, não como estratégia, mas como princípios básicos. É necessária, portanto, uma fidelidade corajosa e inovadora capaz de proporcionar o encontro dialogal da identidade católica com as diversidades da sociedade multicultural" (CNBB, 2016, n. 75). Na Pastoral Escolar, nossa identidade cristã católica transparece e se dá a conhecer de forma mais efetiva, preocupando-se com a evangelização da própria escola, em primeiro lugar, para que, a partir do ambiente educativo, irradie sua ação de forma a não ser uma prática isolada, mas a própria *escola em pastoral*. "Nesse aspecto, a Pastoral, numa instituição católica, torna-se a dimensão educativa que cuida e trata sujeitos e suas relações no âmbito escolar e universitário, tendo como um de seus princípios últimos contribuir para o bem coletivo" (ITOZ, 2016, p. 127).

Nesse sentido, dois pontos importantes do Pacto Educativo proposto pelo Papa Francisco se articulam com as ações da Pastoral Escolar: colocar a pessoa no centro, preocupando-se com a qualidade das relações, e a Ecologia Integral, isto é, o zelo e o cuidado pela Casa Comum, que é o maior bem coletivo de nossa humanidade. Na escola, ela é a responsável por apresentar a todos os segmentos da comunidade educativa, os princípios que fundamentam a ação educativo-evangelizadora, oferecendo às famílias, estudantes, educadores e colaboradores momentos de formação, oração, reflexão e encontro consigo, com os irmãos, com a natureza e com o próprio Deus, fundamentado nas Escrituras, pois, "para nós, essa fonte de dignidade humana e fraternidade está no Evangelho de Jesus Cristo" (FT, n. 277).

Isso posto, entende-se como prioritária a organização de um setor de pastoral escolar nas escolas católicas. Na verdade, é irrenunciável à Escola Católica a ação pastoral, uma vez que essa tarefa está intimamente ligada à educação cristã das novas gerações. E como já mencionado, a tarefa da Pastoral Escolar é

> responsabilizar-se pela constituição de grupos de reflexão e de oração, por celebrações, eventualmente pela catequese na comunidade escolar, pela organização do ERE em conjunto com a Coordenação Pedagó-

> gica, por dias de formação e retiros, pelo conhecimento bíblico, pelo cultivo vocacional na linha do "bom cristão e honesto cidadão", pelo voluntariado (SANDRINI, 2015, p. 24).

É claro que todas as ações da Pastoral Escolar, integradas às atividades pedagógicas, são fruto de planejamento e preparação, que envolve conhecimento dos envolvidos, escuta, respeito e incentivo à participação e principalmente às iniciativas juvenis, uma vez que o protagonismo estudantil é um dos motes da caminhada pastoral da instituição educativa. "O importante é que a ação pastoral esteja atenta, não perca a oportunidade e postule neste instante da vida um exemplo, como o próprio 'modelo' do projeto cristão de vida" (ITOZ, 2016, p. 129).

No contexto da Escola Católica, a Pastoral Escolar torna-se a grande responsável por inserir, de forma celebrativa, o Pacto Educativo Global nos espaços da instituição educativa, proporcionando, aos diferentes segmentos da comunidade, momentos de integração, em que as relações tenham a pessoa no centro, gerando compromissos de diálogo e de paz. Cabe à Pastoral Escolar trazer presentes os compromissos do Pacto, "nos momentos de oração no pátio, na capela, nas salas, nas reuniões/encontros, na organização e realização de momentos celebrativos ao longo do ano" (ITOZ, 2016, p. 134), oportunizando a todos os segmentos não apenas o conhecimento ou a celebração como também o efetivo compromisso na sua realização. Afinal, "para que possa haver um pacto, de fato, deve haver duas ou mais pessoas diferentes que se comprometam por uma causa comum" (*Instrumentum Laboris*, p. 3).

3. Um olhar comprometido, uma prática transformadora

O chamamento do Papa Francisco para que toda a sociedade mundial una esforços em torno da reconstrução do Pacto Educativo Global busca recolocar a educação como prioridade para a formação das novas gerações, com "uma educação integral e inclusiva, capaz de uma escuta paciente e de um diálogo construtivo" (*Instrumentum Laboris*, p. 2). Esse compromisso é de todas as pessoas que se preocupam com a vida, com seu cuidado e com a continuidade deste planeta.

Nesse sentido, Ensino Religioso e Pastoral Escolar estão intimamente unidos, mesmo que suas funções dentro da escola sejam diferentes, com objetivos bem específicos e estratégias pedagógicas próprias. O Ensino Religioso, pelo diálogo e pela pesquisa, "busca construir, por meio do estudo dos conhecimentos religiosos e das filosofias de vida, atitudes de reconhecimento e respeito" (JUNQUEIRA, 2021, p. 126); e a Pastoral Escolar "é o espaço privilegiado para o amadurecimento na fé cristã pela possibilidade de criação de espaços e momentos especialmente dedicados à oração, à partilha, à ação social, à união das mentes e corações" (JUNQUEIRA, 2021, p. 125). Em relação aos objetivos e compromissos do Pacto Educativo Global, Ensino Religioso e Pastoral Escolar atuam de forma a tornar efetiva a participação de todos os segmentos da comunidade escolar na tarefa de realizar um caminho educativo que constitua uma vila da educação capaz de gerar uma rede de relações humanas e abertas, comprometidas com as mudanças que se fazem necessárias para que as pessoas sejam respeitadas em sua dignidade. Essas ações também se realizam na Escola Pública, onde o Ensino Religioso torna-se o articulador, no currículo escolar, de ações que propiciem, em todos os momentos da caminhada dos estudantes, o reconhecimento e o respeito às diferenças, considerando que, "a partir dos valores positivos de amor, esperança e salvação, em um quadro de relações performativo e coerente, as religiões podem contribuir de modo significativo para a realização dos objetivos sociais de paz e justiça" (CONGREGAÇÃO PARA A EDUCAÇÃO CATÓLICA, 2018, p. 18). Valer-se do estudo e do conhecimento da diversidade cultural e religiosa presente na sociedade brasileira, para oportunizar o reconhecimento das diferenças e fortalecer o diálogo, é uma prática do Ensino Religioso no contexto do Pacto Educativo Global.

Assim, uma verdadeira aliança educativa pressupõe unidade na diversidade e o firme propósito de que, a partir de uma escola em pastoral, a ação docente no Ensino Religioso e a práxis pedagógica das ações pastorais se completem e proporcionem às comunidades educativas a possibilidade de (re)construírem as suas vivências religiosas. É dessa forma que, em torno do Pacto Educativo Global, as ações da escola, pedagógico-pastorais, apontam para o compromisso comunitário, em que a pessoa esteja realmente no centro, as relações se fortaleçam no diálogo e a construção de uma cultura de paz seja o firme propósito de todos aqueles que veem na educação o caminho para que as sociedades se tornem mais justas, solidárias e fraternas.

Referências

CARON, Lourdes. Ensino Religioso nas escolas públicas e confessionais: concepção, convergências e diferenças. In: JUNQUEIRA, Sérgio R. Azevedo; BRANDENBURG, Laude Erandi; KLEIN, Remi (Org.). *Compêndio do Ensino Religioso*. São Leopoldo: Sinodal; Petrópolis: Vozes, 2017.

CNBB. *Pastoral da Educação*: estudo para diretrizes nacionais. Brasília: Edições CNBB, 2016.

CONGREGAÇÃO PARA A EDUCAÇÃO CATÓLICA. *Educar ao humanismo solidário para construir uma "Civilização do Amor"*: 50 anos após a *Populorum Progressio*. Brasília: Edições CNBB, 2018.

FRANCISCO. Carta Encíclica *"Fratelli tutti"*: sobre a fraternidade e a amizade social. São Paulo: Paulinas, 2020.

INSTRUMENTUM LABORIS. Disponível em: https://www.educationglobalcompact.org/resources/Risorse/instrumentum-laboris-pt.pdf. Acesso em: jan. 2022.

JUNQUEIRA, Sérgio; ITOZ, Sonia de; NETO, José Alves de Melo (Org.). *Pastoral e Educação*: estudo e reflexão sobre pastoral escolar. Curitiba: Piá, 2016.

JUNQUEIRA, Sérgio Rogério Azevedo; BRANDENDURG, Laude Erandi; KLEIN, Remi (Org.). *Compêndio do Ensino Religioso*. São Leopoldo: Sinodal; Petrópolis: Vozes, 2017.

JUNQUEIRA, Sérgio Rogério Azevedo; LEAL, Irmã Valéria Andrade; RIAL, Gregory (Org.). *Compêndio de Pastoral Escolar para a Educação Básica na Escola Católica*. Brasília: Edições CNBB; Petrópolis: Vozes, 2021.

SANDRINI, Marcos. *Como estrelas no céu*: desafios da Pastoral da Educação. São Paulo: Paulus, 2015.

SILVEIRA, Emerson Sena da; JUNQUEIRA, Sérgio (Org.). *O Ensino Religioso na BNCC*: teoria e prática no Ensino Fundamental. Petrópolis: Vozes, 2020.

XAVIER, Mateus Geraldo. *Contribuição do Ensino Religioso no acesso à fé*. São Paulo: Loyola, 2006.

V. Pacto Educativo Global nas escolas de Educação Básica[1]

Júlio Resende

O olhar atento sobre a realidade, aguçado pela sensibilidade de quem compreende e sente as alegrias e dramas humanos, permite reconhecer e indicar as luzes e as sombras do cotidiano. Tal olhar reconhece que, não raras vezes, as práticas educativas reproduzem aspectos da sociedade contemporânea fortemente marcados por competição, produtividade, indiferença e utilitarismo. Nesse cenário, em que a prática educativa se torna permeada por ambiguidades que reproduzem a realidade paradoxal da sociedade hodierna em suas muitas contradições, ficam evidentes os desafios encontrados pelos sujeitos educativos em levar adiante o compromisso com uma educação humanista.

Nessa perspectiva, em meio a uma polissemia de opiniões, a voz do Papa Francisco desponta como um coerente e lúcido feixe de luz sobre o mundo contemporâneo, reconhecendo as inúmeras fragilidades que ameaçam a dignidade humana e a vida no planeta. Seguindo o itinerário dos profetas bíblicos, que corajosamente apontavam e denunciavam as práticas e projetos contrários ao grande sonho de vida de Deus para com seu povo, o Papa Francisco reúne em palavras e gestos a audaciosa e perturbadora ação profética de denunciar tais ameaças à dignidade humana.

---

1 Texto de Pe. Júlio César Evangelista Resende, OSC, para o subsídio "Pacto Educativo: pensar o presente e o futuro da educação".

A originalidade de suas provocações está em não apenas constatar os limites das diversas realidades, como também em propor caminhos alternativos e indicar critérios a serem acolhidos em vista da superação dos dilemas da atualidade. Sua postura propositiva incorpora a necessária colaboração entre todos os atores sociais, em vista de uma construção coletiva e integradora das múltiplas possibilidades de respostas aos dilemas encontrados. Com isso, respostas simplistas, unilaterais e de "salvadores da pátria" são incompatíveis com a complexidade do mundo.

Ao lançar um forte apelo à retomada da dimensão comunitária, o Papa Francisco oferece uma resposta que questiona diretamente os valores que permeiam a sociedade contemporânea, como a individualidade e a desilusão com os projetos coletivos. Ao propor um Pacto Global, uma aliança em favor da educação, é evidenciada a imprescindível colaboração de todos os atores da vida social em tal empreendimento. Com isso, valoriza-se e busca-se retomar um compromisso amplo e comunitário com o projeto educativo.

1. O Pacto Educativo Global

Vários pensadores contemporâneos vêm problematizando o esgotamento dos paradigmas da modernidade, por não explicarem, de maneira satisfatória, a dinâmica da vida humana individual e coletiva. Edgar Morin (2000), há algumas décadas, vem denunciando o esvaziamento desse modelo dominante, seu desgaste e erosão. Ailton Krenak, pensador indígena e escritor, em *Ideias para adiar o fim do mundo*, alerta que "precisamos ser críticos a essa ideia plasmada de humanidade homogênea, na qual há muito tempo o consumo tomou o lugar daquilo que antes era cidadania" (KRENAK, 2019, p. 12). O sociólogo Z. Baumann (2014) apresenta suas análises acerca dos desafios de projetos coletivos e comunitários no confronto com os interesses e liberdades individuais. Nessa mesma linha, questiona o Papa Bento XVI ao indicar que a globalização construiu uma rede global, mas não possibilitou a consciência de que se pertence a uma mesma humanidade. Afirma que "a sociedade cada vez mais globalizada torna-nos vizinhos, mas não nos faz irmãos" (CV, 19).

O Papa Francisco revela a existência de uma crise civilizatória, a qual exige uma genuína tomada de consciência que possibilite rever posturas, opções e projetos. Tal crise envolve uma destorcida compreensão antropológica, na qual a pessoa humana é revelada como um mero instrumento cultural e econômico. Além disso, essa crise traz como consequência a nefasta absolutização do lucro em detrimento da vida humana e a irracional exploração dos recursos naturais levando à conhecida crise ambiental.

Esse cenário demanda de homens e mulheres, comprometidos com a dignidade humana e a vida em sua totalidade, o urgente esforço de somar forças para reverter tal quadro. É nesse contexto que os posicionamentos do Papa Francisco ocupam certa notoriedade, pois convocam a humanidade a uma ampla conversão, na qual os esforços educativos ocupam lugar central. As mudanças de mentalidade acerca da dignidade humana, da fraternidade solidária, das novas formas de economia e do cuidado com a Casa Comum passam, necessariamente, por um projeto educativo integral e inclusivo.

A partir do provérbio africano: "Para educar uma criança é necessária toda a aldeia", o Pacto Educativo Global surge como um apelo a toda sociedade, com o objetivo de somar forças em prol de uma educação inclusiva e aberta. Em sua carta de convocação, o Papa convida a ter coragem de colocar as melhores energias em favor da educação, de dar centralidade para a pessoa nos processos educativos e formar para o compromisso comunitário. O convite para reafirmar uma aliança global parte da constatação de que muitos atores sociais, como a família e a sociedade, não estão suficientemente envolvidos e comprometidos com a educação; por isso a necessidade de refazer tal Pacto.

O Pacto, lançado em 2019, incorpora os anseios de muitos organismos internacionais comprometidos com a educação como direito universal e integra também os esforços do diálogo inter-religioso e dos movimentos de defesa do meio ambiente. Entre os compromissos assumidos, estão uma maior conscientização do papel da família, a acolhida das meninas nas escolas e uma educação para o compromisso comunitário com a solidariedade e o cuidado com o meio ambiente.

O itinerário do Pacto é permeado por um profundo senso de trabalho coletivo, de esforço feito a partir de muitas mãos e muitas contribuições. O esforço educativo, por sua complexidade e importância dentro da vida em sociedade, não pode ser empreendido de forma isolada por nenhum grupo. A atual crise provocada pela pandemia evidencia como a educação precisa ser uma tarefa realizada de forma colaborativa. Por isso, o Pacto propõe de forma efetiva que família, escola e sociedade possam assumir em parceria e de forma coparticipativa, dentro de suas próprias competências, a atividade educativa.

A Igreja, em sua longa trajetória, tem reconhecido, por meio de documentos do Magistério e principalmente pelas iniciativas das instituições de ensino, que surgiram, a partir das Ordens e Congregações religiosas, o lugar primordial da família como primeiro ambiente educativo. Dessa forma, compreende-se o imprescindível e legítimo papel da família na educação dos filhos. Contudo, a família, isoladamente, não consegue formar e preparar seus filhos de modo mais acadêmico e para a socialização; por isso a importância das instituições de ensino. Aqui a escola é compreendida como ambiente propício no qual as novas gerações interajam socialmente, ampliem seu repertório cultural e processem sua participação cidadã na vida da comunidade.

A escola possui a singular missão de ser o ambiente que possibilita às novas gerações uma ampla socialização em vista de uma efetiva participação na vida social. Nesse sentido, o Pacto enfatiza o papel dos educadores como capazes de tecer vínculos afetivos e construir caminhos formativos, a fim de alargar horizontes. Para isso, lança o convite a uma necessária autorreflexão, na qual sejam profundamente avaliadas as propostas pedagógicas adotadas nos diversos sistemas de ensino, assim como nas políticas públicas.

Ao propor o ícone da "aldeia educativa", o Papa indica que essa ampla aliança pela educação carece de que toda a sociedade se envolva. Dessa forma, os múltiplos ambientes e grupos sociais precisam repensar seu papel educativo. O mundo empresarial, o ambiente de cultura e os meios de comunicação, as Igrejas e associações comunitárias e esportivas, todos são convocados a compreender sua função educativa à luz dos princípios indicados no Pacto. Ou seja, colocar a pessoa e sua dignidade como algo primordial, implantando iniciativas que promovam o compromisso comunitário e o cuidado com a Casa Comum. Dessa forma, uma propaganda, uma música, um encontro religioso ou uma atividade esportiva são profundamente educativos e devem ser permeados com os compromissos indicados no Pacto, a fim de colaborarem na formação da "civilização do amor".

Dentro desse audacioso e lúcido horizonte proposto pelo Pacto Educativo Global, cada pessoa, grupo social e instituição é estimulado a buscar meios de implementar nas suas práticas e assimilar em sua missão tais inspirações e provocações. No caso específico deste presente artigo, é proposto um recorte com olhar direcionado à escola da Educação Básica, com o objetivo de compreender quais indicações e interpelações os compromissos do Pacto oferecem.

2. A escola de Educação Básica

A aspiração por direitos, igualdade e cidadania produziu desde o Iluminismo, no século XVIII, a consolidação da educação como percurso necessário em vista de garantir e sustentar tais conquistas. A educação ofertada às crianças e aos adolescentes foi de forma gradativa sendo reconhecida e sua obrigatoriedade oficializada em considerável parte do mundo. No Brasil, a Educação Básica com acesso para todos, pública e gratuita, foi uma conquista um pouco mais tardia, apenas em meados do século XX. Dessa forma, a Educação Básica, garantida como direito social na Constituição de 1988, é obrigatória para crianças a partir dos quatro anos de idade e tem como finalidade "desenvolver o educando, assegurar-lhe a formação comum indispensável para o exercício da cidadania e fornecer-lhe meios para progredir no trabalho e em estudos posteriores" (CURY, 2002, p. 170).

A Lei de Diretrizes e Bases (LDB 9.394/96) afirma que a Educação Básica no país é formada pelas etapas da Educação Infantil (voltada para crianças de zero a cinco anos de idade), do Ensino Fundamental obrigatório de nove anos (estudantes de seis a quatorze anos) e o Ensino Médio (estudantes de quinze a dezessete anos). Segundo o Censo Escolar de 2020, cerca de 47 milhões de estudantes estavam matriculados em institutos de educação no país, sendo que mais de 80% deles estudavam na rede pública de ensino.[2] Os dados revelam que esse imenso contingente de brasileiros está diretamente vinculado à educação formal, fazendo do espaço escolar um importante instrumento de formação e fomento para a cidadania das futuras gerações. Os espaços escolares se tornam também ambientes de convivência, socialização e, para parcela significativa, lugar de acesso à única refeição de qualidade no seu dia.

Segundo o texto introdutório da Base Nacional Comum Curricular (BNCC), a Educação Básica ocupa um importante papel na formação de crianças e jovens do país. A Educação Infantil é compreendida como importante momento de socialização, em que acontece o primeiro contato com a escola, e as aprendizagens ocorrem

---

[2] Dados do Inep de janeiro de 2021, disponíveis em: https://www.gov.br/inep/pt-br/areas-de-atuacao/pesquisas-estatisticas-e-indicadores/censo-escolar/resultados.

por meio das interações e brincadeiras. O Ensino Fundamental, com nove anos de duração, acolhe as crianças e os adolescentes que estão em uma etapa de mudanças no seu desenvolvimento, sendo inseridos no mundo letrado, na construção de novas aprendizagens, e participando de um progressivo caminho de consolidação e ampliação de repertório cultural.

A proposta do novo Ensino Médio, promulgada em 2017, surge como resposta ao desafio de universalizar o acesso e principalmente a permanência dos jovens na educação formal. Os pareceres do Conselho Nacional de Educação (CNE) constatam os desafios dessa etapa da Educação Básica e confirmam, no Ensino Médio, "a juventude como condição sócio-histórico-cultural de uma categoria de sujeitos que necessita ser considerada em suas múltiplas dimensões com especificidades próprias" (Parecer CNE/CEB n. 5/2011). Há a necessidade de promover o protagonismo dos jovens e possibilitar uma mudança curricular, de maneira que os jovens possam melhor se identificar com as propostas dessa etapa de ensino. Tal protagonismo se efetiva na proposta de escolha, por parte dos estudantes, das áreas do conhecimento as quais lhes despertem mais interesse. Com isso, a construção de um currículo com mais flexibilidade se apresenta como uma resposta às demandas de maior envolvimento dos sujeitos na elaboração de seus próprios percursos formativos. Na proposta do novo Ensino Médio, tais escolhas serão facilitadas e orientadas por meio dos chamados "projetos de vida", os quais têm a função de ajudar os estudantes a fazer opções mais consistentes, de acordo com suas habilidades e interesses. Dessa forma, por meio dos chamados "itinerários formativos" nas áreas de linguagens, matemática, ciências da natureza, ciências humanas e sociais aplicadas, e da formação técnica e profissional, propõe-se que os estudantes possam desenvolver suas habilidades e competências nas áreas do conhecimento com que mais se identificam.

A escola, nessa fase inicial da vida dos estudantes, ocupa um lugar importante e a sua obrigatoriedade na legislação indica o quanto a sociedade identifica a relevância da educação escolar nessa etapa. As crianças, adolescentes e jovens passam boa parte do seu dia no contexto escolar, e isso ganha uma importância singular, por possibilitar a socialização e a ampliação de habilidades para a convivência comunitária e cidadã. O avanço das tecnologias e das metodologias de ensino tem possibilitado aulas mais interativas, por um lado; no entanto, nem todos têm acesso a esses recursos tecnológicos. Os campos de psicologia e pedagogia têm empreendido novas metodologias e didáticas para que o processo educativo seja mais efetivo, e os estudantes possam melhor compreender e dar significado àquilo que estão estudando.

A etapa da Educação Básica constitui um dos pilares que servirão de base para toda a vida. Isso se dá por meio de uma permanente construção de experiências formativas que possibilitam a consolidação, a compreensão da realidade e a comunicação de tais experiências. Nessa etapa, a pessoa se torna capaz de problematizar sua realidade, construir o conhecimento, ampliar seu repertório cultural, perceber-se no mundo e reconhecer seu lugar dentro da sociedade.

Por fim, é válido ressaltar a importante função dos docentes nessa etapa de formação, tanto pela atuação profissional como pela sua relação com os estudantes para além das atividades prescritas. A formação pedagógica dos docentes, elemento requerido pela legislação, é necessária em vista de melhor compreender as especificidades de cada fase do desenvolvimento cognitivo e humano, assim como otimizar as ferramentas em vista de potencializar os processos de aprendizagem dos estudantes. O professor, na Educação Básica, assume um papel de acompanhar e estimular o desenvolvimento humano e intelectual, com o objetivo de colaborar na formação de pessoas livres, conscientes de sua responsabilidade na vida social e de seu papel cidadão.

3. A escola de Educação Básica: inspirações e compromissos a partir do Pacto Educativo

A Educação Básica, como apresentado anteriormente, é a etapa que envolve desde a infância até o início da juventude e na qual a experiência educativa é elemento essencial para o desenvolvimento humano, físico e intelectual da pessoa. No horizonte da proposta convocada pelo Papa Francisco com relação ao Pacto Educativo Global, uma série de reflexões e apontamentos inspira e provoca os educadores, as famílias e as instituições de ensino a acolher as indicações provenientes da proposta do Pacto. Entre as inspirações, pode-se destacar o apelo a um maior envolvimento das famílias na educação dos filhos, o cultivo do bem comum, a promoção do humanismo solidário, a necessária sensibilidade com a diversidade, a construção de projetos de vida que levem em conta a inserção na vida da sociedade e no cuidado com a Casa Comum; tudo elaborado a partir de uma educação que seja coerente e integral, compreendendo a pessoa humana em sua totalidade.

A ideia de um pacto indica uma aliança, um esforço coletivo que envolve a todos. A educação não pode ser pensada sem a família, como espaço privilegiado de convivência das crianças e adolescentes. A singular responsabilidade da família na tarefa educativa de seus filhos, como lugar da transmissão de valores religiosos e humanistas, é essencial na formação integral das novas gerações. A tarefa educativa da família, segundo os textos do Magistério da Igreja, não implica um isolamento. A primazia da família deve ser compreendida não como uma exclusividade, mas como uma atribuição que é complementada por uma mútua colaboração com as instituições de educação formal.

A escola deve ser compreendida e gerida como parceira da família, e não como sua substituta. Nesse sentido, o Pacto Educativo chama a atenção para que família e escola possam tecer relações de colaboração e proximidade. A pandemia de Covid-19 exigiu maior diálogo e cooperação entre família e escola, e evidenciou como tal parceria é imprescindível no processo educativo. Dessa forma, o Pacto inspira e provoca para que tanto a família quanto a escola busquem alternativas que possibilitem uma maior interação e colaboração.

Ao propor que a pessoa humana seja colocada no centro dos processos educativos, o Papa Francisco parte da compreensão de um novo humanismo necessário na atualidade, no qual a educação apresenta-se como antídoto para humanizar o mundo e a História, para romper a rede individualista, com a cultura da indiferença, da competição e do uso irracional e irresponsável dos recursos naturais. O humanismo proposto não é um fechamento sobre a pessoa em si; muito ao contrário, o humanismo solidário propõe uma radical ruptura com o centralismo, com o antropocentrismo que tão mal tem feito às relações humanas. O "humanismo solidário" é uma proposição crítica ao humanismo clássico, entendido como elogio à razão e ao privilégio humano. O "humanismo solidário" reconhece que a diferença antropológica do ser humano sobre os outros seres vivos está na sua responsabilidade perante os outros indivíduos e os outros seres que co-habitam a Casa Comum.

A educação deve ser instrumento que promova o desenvolvimento integral da pessoa, orientando sua vida para uma realização plena e fomentando escolhas em vista de uma vida fraterna e cidadã (CNBB, 2021, p. 68). A ideia de "educação integral" apresentada pelo Pacto aplica-se de forma efetiva à Educação Básica e suscita vários questionamentos acerca das práticas educativas correntes. O quanto as experiências educativas estão promovendo uma aprendizagem atenta às variadas realidades e competências das pessoas? Afirma a Congregação para a Educação Católica: "Aprendizagem não é só assimilação de conteúdos, mas oportunidade de autoeducação, de empenho em vista do próprio progresso e pelo bem comum, de desenvolvimento da criatividade, de desejo de uma aprendizagem contínua, de abertura aos outros" (CONGREGAÇÃO PARA A EDUCAÇÃO CATÓLICA, 2014, p. 22).

O Pacto Educativo estimula os agentes educativos a pensarem de forma criativa a formação da pessoa de modo completo, ou seja, uma formação integral. Tal formação não se limita a um componente intelectual ou físico, mas se expande à consciência cidadã, às relações com as demais pessoas e a sua experiência de abertura ao transcendente. Reforça-se, assim, a convicção de que a educação não seja compreendida como mero processo de transmissão de conhecimentos ou de adestramento, mas se converta em um caminho que conduza à descoberta dos próprios talentos em prol da realização pessoal e do bem da sociedade.

O contexto contemporâneo desafia a implementação de uma educação integral, pois promove propostas educativas pautadas no resultado e na competitividade. De forma paradoxal, essa mesma sociedade contemporânea exige profissionais com habilidades humanas, criativas e inovadoras que, no entanto, o próprio sistema educativo baseado no tecnicismo inibe. A proposta do Pacto estimula que a educação escolar valorize não só as competências relativas aos âmbitos do saber e do saber fazer como também aquelas do viver junto com os outros e crescer em humanidade.

Os educadores e escolas de Educação Básica são instigados, pela proposta humanista do Pacto, a explorar um percurso que leve a um autêntico desenvolvimento humano e transcenda a lógica do resultado e da competição presentes nos currículos e sistemas avaliativos. Essa maneira de compreender a educação conduz a uma maior sensibilidade para as diversidades e especificidades de cada sujeito, pois parte da compreensão do valor da dignidade humana, que não pode ser entendida como privilégio dos que "encaixam na forma", mas de todos e todas em suas múltiplas realidades e condições sociais e intelectuais. A educação humanista, que emerge com o Pacto, evoca uma atenção especial à pessoa humana que traz consigo a própria história e aptidões, que o processo educativo potencializa e não exclui nem mutila.

A importância do papel do educador na vida dos estudantes é outra inspiração fomentada pelo Pacto. Na Educação Básica, os professores desempenham um papel diferenciado, no qual a relação de proximidade com os estudantes é fundamental e possibilita um maior crescimento humano dos mesmos. Segundo o educador espanhol Ciriaco Moreno, "Não é o livro que faz as pessoas, só a pessoa pode fazer outras pessoas. Só a palavra acesa no dinamismo da voz e da fala tem a força e a capacidade para despertar humanidade naquele que ouve" (MORENO, 2015, p. 76). O professor é aquele que ajuda o estudante a tornar-se mais humano, a estar no mundo como um ser sensato, capaz de entender as dinâmicas sociais e inserir-se nelas como força colaborativa e transformadora.

O relacionamento entre professores e estudantes deve ser construído na base do intercâmbio e do diálogo; tal prática favorece uma experiência de ensino-aprendizagem alicerçada na mutualidade. Segundo o *Instrumentum Laboris* do Pacto, os estudiosos da educação "enfatizaram que não é o professor a educar o aluno numa transmissão unidirecional, nem é o aluno a construir o seu próprio conhecimento, mas é o relacionamento deles que os educa" (CONGREGAÇÃO PARA A EDUCAÇÃO CATÓLICA, 2020). Dessa forma, os educadores, como verdadeiros mistagogos, caminham juntos com seus estudantes com apurada sensibilidade para aprender e ensinar, levando em consideração a realidade pessoal de cada um.

O Pacto constata que os estudantes, hoje, são constantemente atraídos por estímulos rápidos e múltiplos, que os impossibilitam de aprender a conviver com o silêncio. A riqueza de estímulos conduz a certa pobreza de interioridade, ou seja, cresce a dificuldade para parar, pensar, refletir e escutar. Por isso, o Pacto propõe resgatar o tempo e o espaço necessários para que os jovens se familiarizem com os próprios desejos, sonhos, medos e inseguranças. Tal iniciativa possibilita cultivar o desejo de entrar na própria interioridade, educar-se nessa experiência de descortinar-se no caminho para superar certa superficialidade imperativa da atualidade.

A partir de um olhar atento e preocupado com uma educação que supere o formalismo do cumprimento de conteúdos curriculares predeterminados e que muitas vezes não dialogam com a realidade e a prática da vida dos estudantes, as reflexões do Pacto provocam a pensar em modelos educativos que levem em consideração a ação efetiva e a inserção em situações concretas da vida. Por isso, indica o chamado *Service Learning* como proposta, na qual os estudantes, por meio da aplicação prática do conhecimento adquirido em sala de aula, desenvolvem projetos para solucionar problemas reais de organizações parceiras. Tal sugestão visa estimular as competências sociais, a inovação e a responsabilidade social, buscando solucionar os problemas sociais concretos de uma comunidade.

Com isso, o Pacto lança o desafio aos gestores educacionais de repensar os projetos, programas, currículos e práticas que levem em conta novas formas de compreender a economia, a política, o crescimento e o progresso, para que esses estejam a serviço da pessoa e de toda a família humana, na perspectiva de uma ecologia integral.

Por fim, o Pacto reforça a necessidade de uma educação que leve em conta a construção gradativa e consciente de verdadeiros "projetos de vida". Tais projetos devem ser considerados muito mais do que escolhas profissionais; é necessário que tenham horizontes amplos e levem em consideração a busca do bem comum, a solidariedade e o cuidado com a Casa Comum. Ao falar de "projeto de vida", é preciso pensar em projeto de sociedade, que ajude crianças, adolescentes e jovens da Educação Básica a pensar seus "sonhos", superando o individualismo exagerado da sociedade contemporânea e colocando em pauta também o bem que podem fazer para a construção de uma sociedade mais justa e fraterna.

O princípio do bem comum perpassa a proposta do Pacto, potencializando processos educativos que fomentem tal princípio. Afirma a Congregação para a Educação Católica: "A escola deixa de ser um ambiente que favorece uma aprendizagem completa, se aquilo que o aluno aprende não se torna também uma ocasião de serviço à própria comunidade" (CONGREGAÇÃO PARA A EDUCAÇÃO CATÓLICA, 2014, p. 18). As experiências educativas precisam trazer, em seu horizonte, valores e práticas que fomentem o bem comum, que tenham um impacto na harmonia da vida em sociedade e promovam uma cidadania ativa.

Como aponta o Texto-base da Campanha da Fraternidade de 2022, é notório, neste início do século XXI, o desinteresse pelo bem comum e pela participação comunitária em projetos coletivos (CNBB, 2021). Agrega-se a essa corrente de pensamento a estigmatização da política e a negação do debate. Além disso, percebe-se um individualismo radical, como um vírus difícil de vencer e que se alimenta de desilusão generalizada com as utopias coletivas. Para o Pacto, a educação é um caminho não para solucionar, mas para amenizar as consequências dessa mentalidade fatalista. O ato de educar tem o potencial de despertar a consciência pessoal de que a coletividade é mais que a soma dos interesses individuais, mas que existe uma realidade maior, que é comunitária e que se efetiva pela busca do bem comum.

O Pacto Educativo, como afirma o Papa Francisco, não visa desenvolver programas educativos, "mas encontrar o passo comum para reavivar o compromisso com as novas gerações, renovando a paixão por uma educação mais aberta e inclusiva, capaz de escuta paciente, diálogo construtivo e compreensão mútua" (FRANCISCO, 2020). Nesse sentido, o Pacto se tornou um ícone da proposta educativa humanizadora, ao colocar a pessoa no centro dos processos de ensino e aprendizagem, buscando assim reverter a lógica de uma pedagogia utilitarista e conteudista. A proposta agrupa as inciativas educativas dos últimos anos em um esforço de repactuar o compromisso da humanidade, com uma educação aberta e inclusiva em prol das futuras gerações. Segundo Guimarães, "o Pacto sinaliza, a partir do comando de Francisco, a retomada de uma agenda contemporânea, socialmente responsável, ética e, sobretudo, humanista para com a educação em todos os níveis e em todo o mundo" (GUIMARÃES, 2020, p. 7).

Por fim, o Pacto pode ser compreendido como um convite para reanimar os educadores e toda a sociedade na atraente e desafiadora missão educativa como um caminho a ser percorrido, pelo qual se amplia e se fortalece a aldeia que educa. Essa iniciativa do Pacto desperta as utopias, reacende a esperança, reanima educadores e famílias e nutre a resistente e resiliente confiança na educação. Ao afirmar que "a verdadeira educação faz-nos amar a vida e abre-nos para a plenitude da vida", o Papa Francisco inspira cada educador e, com suas palavras, renova a paixão pela arte de educar, a fim de que a vida, esse precioso dom, seja cuidada, amada e promovida em sua inviolável dignidade.

Referências

BAUMAN, Zigmunt. *Cegueira moral:* a perda da sensibilidade na modernidade líquida. São Paulo: Zahar, 2014.

CNE. *Parecer sobre as Diretrizes Curriculares Nacionais para o Ensino Médio*. Disponível em: http://portal.mec.gov.br/escola-de--gestores-da-educacao-basica/323-secretarias-112877938/

orgaos-vinculados-82187207/16368-ceb-2011. Acesso em: 13 jan. 2022.

CONGREGAÇÃO PARA A EDUCAÇÃO CATÓLICA. *Educar hoje e amanhã*: uma paixão que se renova. Brasília: Edições CNBB, 2014.

_______. *"Instrumentum Laboris" do Pacto Educativo Global*. Vaticano, 2020. Disponível em: https://www.educationglobalcompact.org/resources/Risorse/instrumentum-laboris-pt.pdf. Acesso em: 13 jan. 2022.

CNBB. *Texto-base da Campanha da Fraternidade de 2022*. Brasília: Edições CNBB, 2021.

CURY, Carlos R. J. A Educação Básica no Brasil. *Educação & Sociedade* [*online*]. 2002, v. 23, n. 80, pp. 168-200. Disponível em: https://doi.org/10.1590/S0101-73302002008000010. Acesso em: 13 jan. 2022.

GUIMARÃES, Joaquim G. M. Educar para humanizar. In: BRUCK, Mozahir S. (Org.). *Decálogo da educação humanista da PUC Minas*: refletido para uso acadêmico e cultural, sociopolítico e econômico, pastoral e espiritual. Belo Horizonte: Editora PUC Minas, 2020.

KRENAK, Ailton. *Ideias para adiar o fim do mundo*. São Paulo: Companhia das Letras, 2019.

MORENO, Ciriaco I. *Educar com valores*. São Paulo: Paulinas, 2015.

MORIN, Edgar. *Os setes saberes necessários à educação do futuro*. São Paulo: Cortez, 2000.

VI. Pacto educativo global e as universidades católicas

Paulo Fossatti

Introdução

Estimados leitores, a tarefa aqui é produzir um texto de fácil compreensão, fugindo dos engessamentos acadêmicos, com o propósito de atingir toda a nossa comunidade eclesial e todas as pessoas que comungam dos princípios do Pacto Educativo Global proposto pelo Papa Francisco. Portanto, a linguagem utilizada é direta, de fácil compreensão e focada na intencionalidade de que os destinatários, em seus diferentes cenários e vivências, possam beber do espírito do Pacto Global e potencializá-lo no cotidiano pessoal-profissional, nas universidades católicas e para além das mesmas.

Assim, permitimo-nos oferecer, ao longo do texto, alguns *links* de vídeos, inclusive do próprio Papa Francisco, e de textos com o objetivo de aprofundar o conteúdo aqui problematizado. Eles exercem também função didática, do hipertexto, tornando a leitura mais dinâmica e sensível aos que aprendem mais e melhor por meio de som e imagens.

O Pacto Educativo Global tem um antes que é preciso contextualizar. Seu protagonista é o Papa Francisco, que evidencia longa história no engajamento com a educação do diálogo e do encontro entre pessoas de diferentes idades, credos e culturas. Das periferias de Buenos Aires para o mundo, ele continua proclamando que somente mudaremos o planeta se mudarmos a educação. Tal mudança começa no âmbito pessoal, continua no comunitário, atinge proporções locais, regionais, nacionais e internacionais, até a globalização de uma educação humana, solidária e para todos. Nesse contexto educacional, as universidades católicas são chamadas a divulgar e a viver, em todas as áreas do conhecimento, os valores do Pacto Educativo Global para a potencialização das boas práticas relacionadas a ele.

Especialmente a partir de 2019, o Papa Francisco ganhou ascendência mundial com sua proposta por um Pacto Educativo Global. Líder entre os líderes mundiais, ele conquistou a simpatia e a parceria de inúmeros governos, entidades, igrejas, organizações não governamentais, universidades e sociedade em geral, na união pela proposta de educar a todos a partir da cooperação universal. Você pode aprofundar o convite do Papa para viver o Pacto Educativo assistindo ao vídeo: https://www.youtube.com/watch?v=3SWr6vCr--iE. Nele, além do chamado para formar pessoas para o Pacto Educativo Global e Solidário, o Papa também nos desafia a vencermos o medo, as incertezas, e empenhar o melhor de nossas energias para formar pessoas na sociedade e para a sociedade.

Um pacto não se efetiva da noite para o dia. Ele é processo de discernimento, sensibilização, alianças e definição de um Plano Estratégico que coloque em ação sua efetivação. Dentre tantas atividades realizadas ao redor do planeta, em preparação ao lançamento do Pacto, pessoas de todo o mundo se mobilizaram na sensibilização para esse movimento educativo global. A título de exemplo, destacamos o livro: *Luzes do caminho: Pacto Educativo Global*, publicado pela Organização Internacional da Educação Católica (OIEC), em parceria com outras instituições. Neste livro, temos nada menos que 200 depoimentos de pessoas engajadas com a Educação Básica e superior, católica ou não, mas alinhadas aos princípios do Papa Francisco. Elas representam 45 países que, já bem antes do lançamento do Pacto, evidenciam boas práticas educativas. Dentre elas, encontramos líderes mundiais, jovens, educadores, especialistas, católicos e não católicos. Enfim, pessoas com um olhar para um horizonte comum: cuidar da vida no seu todo por uma educação inclusiva, solidária e para todos. Tal obra é símbolo da busca pela "aldeia global que educa", expressão originária de um provérbio africano que considera a premissa de que é preciso uma aldeia inteira para educar uma criança. Sim, no mundo contemporâneo essa aldeia ganha vários contornos: famílias, sociedades, comunidades, igrejas, governos, escolas, universidades e tantas outras organizações que participam das forças vivas para uma educação coerente com as demandas e desafios do século XXI.

O livro traz como ideia transversal a crença em uma educação que ensina a ser pessoa com valores, com a cultura do amor e do acolhimento. Em uma tentativa de síntese, ele nos convida a reaprendermos a sermos irmãos em nossa sensibilidade humana, fraterna e espiritual, no compromisso de que todos devemos cuidar da nossa Casa Comum, como o Papa nos profetizava desde 2015 com a Encíclica *Laudato Si'*. O acesso gratuito ao livro pode ser verificado no *link* a seguir: https://anec.org.br/wp-content/uploads/2020/02/libro-pacto-educativo-glogal-oiec.pdf.

1. A vivência do Pacto

Na fala do Papa, por ocasião do lançamento oficial, recortamos a premissa de que o Pacto possibilita o "encontro para reavivar o compromisso em prol e com as gerações jovens, renovando a paixão por uma educação mais aberta e inclusiva, capaz de escuta paciente, diálogo construtivo e mútua compreensão". Sobre a crise humana, o Papa reforça ainda a nossa crise na ordem do ser e na capacidade de conviver. Ele convida a educar como ato de esperança, respondendo aos desafios de cada geração. Apresenta a educação como questão de amor e solidariedade, verdadeiro antídoto natural ao culto do ego, da divisão e da desumanização.

Em sua mensagem, Francisco nos convida ainda a ouvir o grito desta e das novas gerações com respostas aos problemas reais de nosso tempo. É preciso deixar a Casa Comum, planeta Terra, arrumada, sadia, cuidada, para acolher o futuro. Nessa mensagem ele ainda questiona o nosso lugar no mundo, o meu lugar, o seu lugar, o lugar da educação e das universidades, o lugar de todos, e o nosso posicionamento para com os de perto e os de longe, de nossa religião, de outras religiões ou os que não têm religião nenhuma. Importa é sermos irmãos, acolhermos e não julgarmos. E, a cada dia, nos perguntar: qual é meu legado? Qual é meu engajamento concreto com os problemas sociais? O que mobilizo em mim para deixar as pessoas e as comunidades melhores e continuarem a existir quando eu me for? Assista ao lançamento do Pacto na voz do próprio Papa: https://www.educationglobalcompact.org/.

Após ouvirmos a mensagem do Papa nos convidando a integrar o coro dos que vivem o Pacto, reforçamos o convite pelo impacto de sua mensagem em nossas universidades católicas. De uma forma ou de outra, as universidades precisam acolher o Pacto Educativo Global no exercício de experiências concretas, de ajuda humanitária, pautada em projetos escaláveis que buscam a inclusão da tão sonhada humanidade nos processos educativos. Portanto, muito além de teoria, o Pacto é vivência, é experiência que realmente vem impactar a aldeia global, nas multiformes manifestações educativas, inclusive a universidade.

A esta altura do texto nos perguntamos: como atender aos desafios do Pacto? Em primeiro lugar, entendemos que é preciso definir estratégias para comunicar o Pacto para o mundo, globalmente. Em segundo lugar, é necessário trabalhar em rede, a exemplo do que o Papa Francisco nos pede, a fim de potencializarmos este projeto. Em terceiro lugar, é preciso educar para o desenvolvimento da cultura do humanismo solidário, na superação do capitalismo neoliberal.

Assim, a educação mundial estará dando um passo importantíssimo no caminho de formar para a vida, como compromisso de todos. Sim, de todos, pois não podemos delegar apenas para a escola ou para a universidade essa missão. Logo, como já dissemos anteriormente e reforçamos, é necessário trabalhar cooperativamente com a escola, a universidade, a família, as igrejas, os governos, as comunidades e com a sociedade em geral, para dar conta dos grandes desafios educativos, inclusive agravados profundamente pela pandemia da Covid-19 em todo o planeta Terra.

A educação para a solidariedade, muito mais do que formar para o conhecimento, para as *hards skills*, precisa ocupar-se do desenvolvimento de *soft skills*. Assim, estará ocupada com a formação de valores, com a formação para a vida, com o trabalho cooperativo, com a resolução de conflitos, com a formação de equipes multidisciplinares, dentre outras. Nessa compreensão educativa, ela é convidada a inovar e a empreender, a partir da resolução de problemas reais, das pessoas e das comunidades.

É urgente que esta educação solidária possibilite a experiência de ocupar-se com a dor do outro, com a busca por resolver os problemas da humanidade. O seu viés sustentável somente virá da busca por uma educação integral, que resgate o saber e o cuidar da vida em todas as suas dimensões, econômico-financeira, social, espiritual, ecologia integral, enfim, uma sustentabilidade sistêmica. Essa "educação integral" precisa também ser integradora, ou seja, integrar estes elementos no projeto de vida dos estudantes na coerência de uma educação para a vida.

É essencial que as instituições, não somente as educacionais, trabalhem em rede, com foco em um humanismo solidário, a fim de forjar novas formas de existir ante um capitalismo egoísta, excludente e insustentável em todas as suas dimensões. Todos somos frutos de uma educação formal que historicamente privilegiou o saber racional. Agora, se quisermos uma nova escola ou uma nova universidade, para uma nova sociedade e uma nova Igreja, é necessário equilibrar a inteligência racional com a inteligência emocional e com a inteligência adaptativa, diante de um mundo que muda velozmente e que exige constantemente resiliência e reinvenção.

Tal reinvenção passa pelo pedido do Papa por uma educação centrada na pessoa, para que ela se transforme e transforme seu entorno. Contudo, para centrar nas pessoas é preciso ressignificar a função educativa. Muito mais do que adquirir informações, a escola e a universidade precisam formar para os valores evangélicos, para uma ética do viver com sentido, transcendendo a si mesmas em direção a uma causa que vise ao bem comum.

2. Luzes para a ação em diferentes contextos educativos

Dentre tantos desafios, o currículo educacional precisa ocupar-se dos problemas reais da vida das pessoas. A ele é exigido equilibrar o saber, o saber fazer, o saber ser e o saber conviver. Da mesma forma, as metodologias educativas são chamadas a atender à geração *maker*, para otimizar o potencial ativo dos estudantes, no atendimento a uma pedagogia que os reconheça como protagonistas, autores e construtores de suas trajetórias de vida.

A aliança educativa do Pacto Global passa ainda pela tão sonhada democratização de uma escola inclusiva, que fidelize seu estudante para a vida e para o mercado de trabalho. Para tanto, tal inclusão passa pela diminuição das desigualdades sociais, por políticas públicas inclusivas, por acesso e permanência nas instituições educacionais e por alfabetização digital, dentre outros quesitos.

É necessário ancorar a vivência do Pacto em bons fundamentos. Um deles está na realidade pautada pela mudança de época, que exige também mudança de estruturas pesadas, antigas, morosas e burocráticas. Tal cenário exige uma nova educação para novos tempos. Contudo, qual o melhor posicionamento institucional para educar com sentido em tempos atuais, sem abrir mão dos valores que promovem a vida plena? Outro esteio que sustenta o Pacto é o convite à superação da egolatria entendida como fratura entre povos, gerações e culturas diferentes. Tais fraturas enfraquecem os povos, as famílias e a unidade na diversidade. Enfim, deixam a vida exposta a inúmeras ameaças, inclusive dissociando conteúdos escolares de seus valores e sua espiritualidade e fomentando disciplinas sem transversalidade.

Outro grande pilar está na riqueza das mídias sociais para evangelizar e educar nesta era digital. O uso adequado da internet e das mídias sociais torna-se riqueza de possibilidades no processo de formação da pessoa. Contudo, alertamos para o perigo de seu uso inadequado e excessivo, que pode diminuir nossa empatia, nossos diálogos, nossos encontros afetivos e existenciais, ao esquecermos até mesmo de olhar nos olhos das pessoas quando falamos, por exemplo. Por outro lado, o bom uso das novas tecnologias torna-se fonte de educação e evangelização, a exemplo do beato Carlo Acutis, o anjo da juventude, padroeiro da internet.

O Pacto ainda se fortalece na superação da vida fragmentada, que potencializa a educação e minimiza a fragmentação das subjetividades e a pobreza interior, resíduos do processo de tecnologização da vida. A título de exemplo, a formação integral para a vida, em todas as dimensões, é tão importante quanto identificar o som da chuva no telhado, a capacidade de escuta, de diálogo, de relaxar, de silenciar, de brincar e de criar.

Por fim, a educação é convidada a enfrentar a crise ambiental e antropológica na qual está imersa a humanidade. De fato, a atual crise da Covid-19 não se restringe aos parâmetros biológicos. Ela é a expressão de uma crise maior que atinge o ser humano. É lá no cerne do descaso com a Casa Comum, como alerta o Papa Francisco na *Laudato Si'* (FRANCISCO, 2015), que se encontram, no coração humano, fagulhas de indisponibilidade para viver uma real fraternidade universal.

Voltamos à premissa de que é urgente e necessário ter a pessoa no centro do processo educativo e da vida. Portanto, cabe a pergunta: que tipo de educação queremos? Como já o afirmamos neste texto, o Pacto conclama a uma educação humanizadora, solidária, que cuide das pessoas e da Casa Comum para a construção da cultura da paz. É preciso fortalecer o princípio da coragem, capaz de romper com aquele antropocentrismo ingênuo que nos fez romper com a natureza e romper igualmente uns com os outros. Tal princípio implica a decisão clara e consciente de priorizar o ser humano e não o mercado, o lucro ou o dinheiro. Ter a pessoa no centro, portanto, significa defender uma educação das relações fraternas e solidárias. Sendo assim, a tarefa de educar não é apenas da escola ou da universidade, como também de toda a sociedade (aldeia global).

O princípio do coletivo ganha ênfase no discurso do Papa Francisco pelo Pacto Educativo Global. Ele chama à mobilização de todas essas forças sociais para educar (união de todo o globo pela educação, ou seja, sair de certa terceirização medíocre da educação e assumi-la como responsabilidade de todas as dimensões da sociedade: famílias, Igreja, escolas, universidades, agentes políticos). Para tal, é preciso alterações nas estruturas e estratégias educacionais: educação formal, informal ou popular, ou seja, em todas as suas modalidades, a fim de educar para o serviço ao outro na promoção da vida em suas múltiplas expressões.

Além dos muros acadêmicos é preciso abraçar a Casa Comum como ecologia integral, que inclui os problemas sociais, políticos, econômicos, dentre outros. Nestes e em outros princípios você pode aprofundar-se, em: www.anec.org.br e canal YouTube: anec brasil.

Outra ação iluminadora do Pacto está no seu *Dicionário bilíngue* lançado no Brasil, na América Latina e no Caribe. Vejamos seu contexto: o Pacto Global é processo, é vivência, é experiência. Ele se expressa nas multiformes manifestações educativas que se expandem em toda a aldeia global. Da mesma forma, ele exige a geração de "im-pacto" em nossas vidas pessoais e institucionais, transformando pessoas, grupos e comunidades em novas formas de existir conforme o Evangelho. Um relevante impacto está no lançamento do *Dicionário bilíngue*, contendo 72 verbetes sobre o Pacto Global de Educação, proposto pelo Papa Francisco. Ele deseja ser uma ferramenta que auxilie a compreensão e a vivência do chamado ao envolvimento da "aldeia global" no projeto da "nova educação". Tais verbetes resultam do olhar de, ao menos, uma centena de educadores/as, religiosos/as e estudantes. Já em resposta ao desafio de trabalharmos juntos, ele é resultado do trabalho colaborativo: ANEC, CNBB, CRB, CIEC, dentre outras instituições. Sua distribuição é digital e gratuita. Acesse-o clicando no link: https://anec.org.br/wp-content/uploads/2020/12/Dicionario-Pacto-Educativo-Global-2021.pdf.

O *Dicionário* torna-se estratégia facilitadora para o acesso à informação. Nosso intuito é que este chegue a um grande número de pessoas, extrapolando os muros institucionais da Igreja. Desejamos que o mundo todo, especialmente o mundo da educação, possa otimizar este recurso por uma educação cada vez mais integral e integradora de nossas ações, afetos, inteligência e espiritualidade. Fazemos votos de que cada verbete provoque ressonância em nossas vidas, promotoras de um mundo melhor, e como espaço de acolhida para todos, no cuidado da Casa Comum, na condição de que todos somos irmãos.

Vem ainda iluminar o Pacto a Encíclica *Fratelli Tutti*. Seus contributos a respeito da fraternidade e da amizade social são inestimáveis para a educação, na medida em que apelam à humanidade a recuperar novas formas de existência que promovam e garantam a vida de todos, incluindo do planeta Terra. Essas novas formas de existir e de nos posicionarmos diante da vida também ganham debate nos meios educacionais. A referida Encíclica é de maior importância para todos aqueles que dedicam suas vidas à educação, no estabelecimento de uma cultura universal inspirada no humanismo cristão. O Papa Francisco insiste na premissa: o que importa é sermos irmãos. O que nos salva é o amor e a misericórdia na fraternidade universal para o bem comum, na garantia de direitos inalienáveis e na certeza de que todos pertencemos à mesma humanidade.

Somos chamados a vivermos o Bom Samaritano, que viu, sentiu compaixão e se preocupou com as feridas dos outros. Este é o caminho da educação integral: fazer o mesmo com gestos e palavras, garantindo a quem nos espera a água da vida, como a presença da Samaritana, que mata a sede na experiência do amor universal, superando qualquer barreira para amar a todos que encontramos feridos no caminho de suas e de nossas vidas. A pessoa à espera do amor poderá ser o imigrante, o refugiado, o estrangeiro de longe ou de perto, ou mesmo dentro da própria família, escola, igreja ou comunidade. Só superaremos um mundo surdo com a capacidade de escutar a Deus e de amar os pobres, educando para a vida, para a pedagogia do encontro e para a economia solidária, na certeza de que cada pessoa é sagrada e merece nossa dignidade e ajuda.

A Encíclica também convida a educação a tratar de grandes temas, como: a pedagogia do acolhimento, o valor da vida em comum, a equidade, a justiça social, a economia solidária, o diálogo, a cultura da paz, o encontro, o perdão e a fraternidade. Diante do exposto, o grande convite à educação e a todos nós é o de deixar marcas de solidariedade e fraternidade sem fronteiras. Para tal, é preciso seguirmos o exemplo de Cristo, que amou sem medida, para dar o melhor de nós às pessoas, com a certeza de que, na educação e na vida, somos chamados a abraçar e a tocar a alma das pessoas reais com a ternura de Deus.

Quem não ama adoece a si mesmo, aos outros e à sociedade. Portanto, a cura para todos os males está no amor sem medida. O convite está feito: ousemos, por meio da educação, criar uma nova humanidade, respondendo bem aos desafios que a vida nos apresenta a cada momento, a começar por nós próprios na vivência da alegria do Evangelho.

3. Sejamos nós mesmos o "im-pacto"

O Pacto Global pela Educação exige a geração de "im-pacto" em nossas vidas pessoais e institucionais, transformando pessoas, grupos e comunidades em novas formas de existir conforme o Evangelho. Todos precisamos estar a serviço de uma vida que valha a pena, segundo a luz do Evangelho, na dedicação a um outro, especialmente ao excluído das condições da dignidade humana. Se a missão e o compromisso com a educação são de todos nós, educar extrapola muros institucionais e a educação formal, bem como o limite de idades. Formar a pessoa e todas as pessoas, todas as gerações, é dádiva para toda a vida e durante a vida toda. Realmente, reafirmamos com o Papa Francisco que somente mudaremos o mundo mudando a educação. Portanto, na alegria do Evangelho somos convidados a viver o Pacto Educativo.

Concluímos nossa reflexão com este convite: assista ao nosso vídeo para mais reflexões e esclarecimentos sobre como viver o Pacto: https://www.youtube.com/watch?v=jzKqT6ydG-0. Que o Deus da vida se manifeste em você, fazendo parte do milagre por uma educação para todos!

Referências

FRANCISCO, Papa. *Carta Encíclica "Laudato Si'" do Santo Padre Francisco, sobre o cuidado da Casa Comum*. Vaticano, 2015.

Disponível em: https://www.vatican.va/content/dam/francesco/pdf/encyclicals/documents/papa-francesco_20150524_enciclica-laudato-si_po.pdf. Acesso em: 04 maio 2021.

FRANCISCO, Papa. *Fratelli Tutti*: le vie della Cristianità, 2020. Disponível em: http://www.vatican.va/content/francesco/pt/encyclicals/documents/papa-francesco_20201003_enciclica-fratelli-tutti.html. Acesso em: 25 jul. 2021.

ORTIZ, Juan Antonio Ojeda; GARCÍA, Manuel Jesús Ceballos; RAMOS, Beatriz Ramírez. *Luces para el Camino*: Pacto Educativo Global. União Europeia: OIEC, 2020. Disponível em: https://anec.org.br/wp-content/uploads/2020/08/LIBRO-PACTO-EDUCATIVO-GLOGAL-OIEC-1.pdf. Acesso em: 25 jul. 2021.

SCHOLAS. *Aprender a ser hermanos y hermanas*: *Fratelli Tutti* y la educación. 2020. Disponível em: https://www.unilasalle.edu.br/uploads/files/2454a945570abc0989432e913a913cfb.pdf. Acesso em: 25 jul. 2021.

SILVANO, Humberto et al. (Org.). *Dicionário do pacto educativo global/Diccionario del pacto educativo global* [E-book]. Curitiba: ANEC, 2021. 171 p. Disponível em: https://anec.org.br/wp-content/uploads/2020/12/Dicionario-Pacto-Educativo-Global-2021.pdf. Acesso em: 25 jul. 2021.

VII. Gestão das instituições educativas a partir do Pacto Educativo Global do Papa Francisco

Jardelino Menegat
Roberto Carlos Ramos

Introdução

São incontáveis as intervenções do Papa Francisco em favor da educação que seja fruto do empenho da família, da escola, da universidade e da sociedade em geral. Sua insistência pelo que chama "Pacto pela educação" revela a sua preocupação e vocação de educador, e explicita a sua capacidade de agregar pessoas em torno de projetos tão fundamentais para a defesa da dignidade humana e para o desenvolvimento dos povos.

O Papa Francisco, desde o início do seu pontificado, demonstrou sensibilidade pelo progresso social da humanidade, que necessariamente passa pela educação. Por isso, propôs para o ano de 2020 a celebração de um Pacto Educativo Global (2020), envolvendo toda a sociedade para que se renove a paixão por uma educação mais aberta e inclusiva em prol das futuras gerações.

Com o objetivo de reconstruir o Pacto Educativo Global (2020) e celebrar os cinco anos da Carta Encíclica *Laudato Si'* (2015), o Papa Francisco lançou, em 12 de setembro de 2019, o convite para o Pacto Educativo Global, celebrado em 14 de maio de 2020 por diversos meios de comunicação em função da pandemia.

Segundo o Papa Francisco, pensar o futuro da humanidade é pensar a partir da educação. Portanto, o Pacto Educativo Global

(2020) lançado pelo Papa Francisco colabora para o movimento internacional que interpela todos os profissionais, organizações e entidades sobre como promoverem uma educação que forme as próximas gerações para a construção do bem comum.

O fato de o Papa Francisco exercer uma liderança mundial une cristãos e não cristãos em defesa do bem comum. O Sínodo dos Bispos de 2018 sobre "Os jovens, a fé e o discernimento vocacional" conclamou a humanidade para se envolver nesse processo educativo. Isso mostra que todos nós precisamos unir esforços para educar as crianças e os adolescentes, e não somente a família, a escola e a universidade, mas sim toda a sociedade; razão esta de envolver e unir profissionais de várias áreas do conhecimento para participarem no processo formativo das novas gerações, com o intuito de fortalecerem o cuidado da Casa Comum (SÍNODO DOS BISPOS, 2018).

O Pacto Educativo Global (2020) compreende que é por meio da educação que podemos criar e fortalecer a fraternidade entre os povos. Com isso o Papa Francisco insiste no quão importante é que a pessoa seja colocada no centro dos processos educativos. Para isso é necessário que os agentes educativos e as instituições educativas invistam o máximo de energia para alcançar este objetivo, bem como é preciso pensar em formar pessoas para que se coloquem a serviço da educação para todos.

Passamos a discorrer sobre alguns elementos importantes do Pacto Educativo Global (2020), para depois concluirmos com as implicações do Pacto para a gestão das instituições educativas.

1. A cultura do cuidado e do diálogo

O Papa Francisco reconhece a necessidade de unir esforços para formar pessoas maduras e com responsabilidade na construção da Casa Comum, sobre a qual tão bem discorreu na Carta Encíclica *Laudato Si'* (2015). O Pacto Educativo Global (2020) insere-se na compreensão de um mundo fraterno no qual a educação é o meio pelo qual se pode criar a verdadeira fraternidade. O desafio é educar para o cuidado da Casa Comum em uma perspectiva de encontro, diálogo, cuidado e respeito. Tudo isso vai fortalecer o objetivo de construir alianças entre escola, família, universidade e sociedade em geral, com suas melhores energias, para colocar no centro o desenvolvimento integral da pessoa e a proteção da Casa Comum, que é o nosso planeta.

A família deve ser o espaço amoroso que proporciona condições essenciais para formar a pessoa em sua globalidade, pois é na família que são lançados os alicerces para o desenvolvimento cognitivo e social do ser humano. Os pais desempenham papel referencial para os filhos e passam a ser os reais modelos de comportamento ético, moral e religioso para eles. O Pacto Educativo Global propõe o fortalecimento da responsabilidade dos pais na formação dos seus filhos (PACTO EDUCATIVO GLOBAL, 2020).

O Papa Francisco insiste que a família é um espaço de encontro e de transformação social e interpela toda a sociedade para cuidar da Casa Comum, que é o nosso planeta.

> O urgente desafio de proteger a nossa Casa Comum incluiu a preocupação de unir a família humana na busca de um desenvolvimento sustentável e integral, pois sabemos que as coisas podem mudar. O Criador não nos abandona, nunca recua no seu projeto de amor, nem se arrepende de nos ter criado. A humanidade possui ainda a capacidade de colaborar na construção da nossa Casa Comum (*Laudato Si'*, 13, 2015, p. 13).

As instituições educativas são espaços para as crianças, os adolescentes, jovens e adultos fortalecerem a socialização, particularmente nos lugares para a convivência e o diálogo com o mundo além das relações familiares. É nas instituições educativas que se dá sentido às experiências coletivas que transcendem as salas de aula, pátios e laboratórios, pois as instituições educativas colocam os educandos em contato com o mundo circundante como protagonistas dos seus processos formativos, tendo o professor, o educador como facilitador desse processo formativo.

Na Carta Encíclica *Laudato Si'* (2015), o Papa Francisco diz que a humanidade está sendo afetada pela tecnologia, por isso precisamos estar atentos.

> A humanidade entrou em uma era em que o poder da tecnologia nos põe diante de uma encruzilhada. Somos herdeiros de dois séculos de ondas enormes de mudanças: a máquina a vapor, a ferrovia, o telégrafo, a eletricidade, o automóvel, o avião, as indústrias químicas, a medicina moderna, a informática e, mais recentemente, a revolução digital, a robótica, as biotecnologias e as nanotecnologias. É justo que nos alegremos com estes progressos e nos entusiasmemos à vista das amplas possibilidades que nos abrem estas novidades incessantes, porque "a ciência e a tecnologia são um produto estupendo da criatividade humana que Deus nos deu". A transformação da natureza para fins úteis é uma característica do gênero humano desde os seus primórdios; e assim a técnica "exprime a tensão do ânimo humano para uma gradual superação de certos condicionamentos materiais". A tecnologia deu remédio a inúmeros males que afligiam e limitavam o ser humano. Não podemos deixar de apreciar e agradecer os progressos alcançados especialmente na medicina, engenharia e comunicações. Como não havemos de reconhecer todos os esforços de tantos cientistas e técnicos que elaboraram alternativas para um desenvolvimento sustentável? (*Laudato si'*, 102, 2015, p. 83-84).

A sociedade também promove educação por meio da inserção social das pessoas e das instituições governamentais, das associações, das fundações, das empresas, da mesma forma que organismos não formais também impactam na formação da pessoa. Portanto, passamos do espaço familiar para as instituições educativas formais, mas não podemos esquecer os encontros informais que a sociedade disponibiliza e que são importantes espaços de formação.

Cuidar de si exige o conhecimento de si mesmo sobre os aspectos físico, emocional, intelectual e espiritual. Quem cuida de modo adequado de si mesmo encontra-se em condições de relacionar-se, de conduzir-se adequadamente na relação com os outros. O cuidado de si desempenha um papel importante no contato com o outro e favorece para que saibamos como nos relacionar de maneira adequada com esse outro.

A falta de cuidado com a aparência física afeta o outro e a relação com o mesmo. A maneira de vestir-se em determinadas ocasiões pode afetar o outro. A falta de cuidado com a própria saúde também pode afetar o outro, pois, quando amamos alguém, desejamos que ele esteja em boas condições de saúde. Assim, o cuidado que devemos ter para conosco mesmos deve ser tanto ou mais importante que aquele que dispensamos ao outro.

A falta de compromisso com a saúde emocional, física e espiritual afeta a nós mesmos, mas também a vida do outro, pois o seu estado emocional cria tal atmosfera no próprio entorno que todo o ambiente externo fica afetado. O cuidado com a autoestima é parte do cuidado para consigo mesmo, e não é nenhum demérito buscar ajuda de um profissional quando não se é capaz de superar por conta própria as limitações emocionais, físicas, intelectuais e espirituais.

Se você não sabe ouvir a si mesmo não saberá ouvir e muito menos ensinar o outro a ouvir. Se existe algo que corrompe os relacionamentos é a falta de capacidade para ouvir as queixas, as insatisfações, as conquistas, as derrotas do outro. Quando você se torna um bom ouvinte é bem provável que tenha condições de ensinar o outro a fazer o mesmo.

Diante dessas premissas, quanto ao cuidado de si e do outro, podemos concluir que de fato só podemos servir de espelho e ajudar o outro se permitirmos que a ajuda chegue primeiro a nós mesmos. Portanto, em primeiro lugar, precisamos nos amar para poder amar e respeitar o outro, precisamos permitir que os outros nos ajudem antes mesmo de ajudar. Por isso, toda pessoa que se dispõe a ajudar precisa permitir a si mesma ser ajudada e buscar ajuda sempre que necessário.

Outra insistência do Papa Francisco é o diálogo. O diálogo é uma conversa entre interlocutores que trocam argumentos em vista de chegar a um acordo. Para acontecer o diálogo é preciso ouvir, escutar o que o interlocutor está falando, e deve ser uma escuta atenta. Portanto, estar pronto ao diálogo significa estar apto para escutar a si e ao outro. O diálogo pressupõe confidência e confiança.

O diálogo é o elemento essencial para estabelecer uma convivência mais humana, ética e respeitosa na família, escola, universidade e sociedade em geral. Acreditamos que existem vários caminhos para a efetivação do diálogo entre si e com o outro. Um dos caminhos é oportunizar espaços e tempos de reflexão na família e nos ambientes educativos sobre a temática do diálogo. Se a família e os ambientes educativos atuam em conjunto podem contribuir para criar um clima mais humano, ético e solidário, e para fazer acontecer o diálogo entre as pessoas.

Na Carta Encíclica *Laudato Si'* (2015), o Papa Francisco retoma a importância do diálogo para a construção do futuro do planeta e diz:

> Lanço um convite urgente a renovar o diálogo sobre a maneira como estamos construindo o futuro do planeta. Precisamos de um debate que nos una a todos, porque o desafio ambiental que vivemos e as suas raízes humanas dizem respeito e têm impacto sobre todos nós. O movimento ecológico mundial já percorreu um longo e rico caminho, tendo gerado numerosas agregações de cidadãos que ajudaram na conscientização (*Laudato Si'*, 14, 2015, p. 13).

Sabemos que por meio do diálogo as pessoas aprendem a defender seus pontos de vista, a ouvir e considerar o outro e a reformular as próprias convicções. Dialogar não é uma habilidade natural, pois ela é construída ao longo da vida. Portanto, é importante que a família, a escola, a universidade e a sociedade em geral oportunizem espaços e tempos para que ocorram situações que permitam a prática do diálogo entre as pessoas, o que facilitará a sua aprendizagem em diversas circunstâncias. O exercício do diálogo não pode acontecer somente quando houver um conflito, mas deve ser um trabalho sistemático e contínuo.

A sociedade contemporânea demanda por mais participação e protagonismo, isto é, necessita fortalecer espaços e tempos de diálogo entre as pessoas. Criar ambientes de respeito e diálogo é missão de toda a sociedade; no entanto, alguns espaços são mais propícios para exercitar o diálogo, como a escola, a universidade e a família.

Em tempos de mudanças como as que estamos vivendo hoje, entendemos ser necessário oferecer oportunidades de debates e discussões para fortalecer a aprendizagem do conviver com o diferente e a valorização do diálogo como auxílio de uma educação que cumpra o seu papel formativo e de acolhimento. Em uma sociedade onde se vive em constantes conflitos de relacionamento, educar para o diálogo exige paciência e tolerância. Lidar com os conflitos que aparecem constantemente no meio familiar, escolar e universitário, e mesmo na sociedade em geral, é um desafio, mas educar para o diálogo e a partilha se faz necessário para transformar a sociedade em um lugar mais justo e fraterno.

2. A cultura do encontro e da proximidade

As temáticas da cultura do encontro e da proximidade estão presentes nas expressões do Papa Francisco, as quais "vêm se apresentando como um dos antídotos para a cultura da 'indiferença'" (PAPA FRANCISCO, 2020). O encontro e a proximidade são capazes de "libertar a pessoa do egocentrismo, ajudando-a a sair de si mesma para acolher os outros como seus irmãos" (CONTRERAS; PAULA; CHESINI, 2021, p. 62). "O nosso futuro não pode ser a divisão, o empobrecimento das faculdades de pensamento e imaginação, de escuta, diálogo e compreensão mútua. O nosso futuro não pode ser este!" (PAPA FRANCISCO, 2020).

> Tudo começou com um encontro ecumênico entre líderes que se preocupam com o cuidado com as pessoas e o mundo. Em setembro de 2019, motivado por lideranças judias e muçulmanas, o Papa Francisco lança a proposta desse pacto educativo. Em suas palavras, trata-se de um "encontro para reavivar o compromisso em prol e com as gerações jovens, renovando a paixão por uma educação mais aberta e inclusiva, capaz de escuta paciente, diálogo construtivo e mútua compreensão" (PACTO EDUCATIVO GLOBAL DO BRASIL, 2020, p. 8).

O Pacto Educativo Global (2020) "insere-se na compreensão de um mundo fraterno no qual a educação é o meio possível para criar a verdadeira fraternidade" (CHESINI; RESENDE, 2021, p. 11). Ao propor as premissas do humanismo solidário como inspiração para a formação de pessoas aptas à vida em sociedade, "visa promover lugares de encontros onde se valorizam as experiências oriundas da convivência intercultural" (CHESINI; RESENDE, 2021, p. 11). Para tal, o desafio das instituições educacionais é educar em uma perspectiva da cultura do encontro e da proximidade.

Nesse sentido, a escola e a universidade se apresentam como um ambiente propício de promoção e vivência da cultura do encontro e da proximidade, pois é onde "convivem diretamente cidadãos de tradições, culturas, religiões e concepções de mundo diferentes, e torna-se um ambiente propício para o desenvolvimento da cultura do diálogo e do encontro" (CONTRERAS; PAULA; CHESINI, 2021, p. 62).

> A escola não pode ser apenas um espaço de informação, mas de convivência, ambiente de proximidade entre educadores/as e educandos/as,

> espaço de acolhida fraterna, reconhecendo a diversidade dos agentes da educação, lugar de vivência da fraternidade com gestos concretos de encontro, celebração, experiências compartilhadas, envolvimento dos pais, integração da comunidade educativa no projeto comum de ternura. Assim, será possível romper com o esquema meramente técnico e ampliar as relações de encontro com as diferenças (CONTRERAS; PAULA; CHESINI, 2021, p. 152).

Ainda, a escola e a universidade são espaços de abertura à realidade e um lugar de encontro e proximidade. E é a partir delas e de todo o processo educacional que surgem os espaços de encontro e proximidade. Assim, a escola e a universidade apresentam-se como espaços de "abertura à realidade e um lugar de encontro" (PACTO EDUCATIVO GLOBAL, 2020, p. 16) e proporcionam aos seus destinatários "viver uma experiência educativa capaz de gerar solidariedade, partilha e comunhão" (CONTRERAS; PAULA; CHESINI, 2021, p. 62).

> Na prática educacional, o novo pensamento inaugura, consequentemente, um exercício de diálogo amplo, que envolve livremente quem quer que queira trabalhar para uma autêntica cultura do encontro, do enriquecimento recíproco e da escuta fraterna: "Mesmo nas disputas, que constituem um aspecto inevitável da vida, é preciso recordar-se sempre de que somos irmãos; por isso, é necessário educar e educar-se para não considerar o próximo como um inimigo nem um adversário a eliminar" (PACTO EDUCATIVO GLOBAL, 2020, p. 31-32).

A formação do ser humano é essencial no processo da construção da cultura do encontro e da proximidade, conforme afirmam Chesini e Resende (2021, p. 19):

> Optar por formar a pessoa significa optar pela cultura do encontro no qual olhar o outro humano é também encontrar o rastro do Outro. No encontro genuíno entre pessoas humanas, experimentamos a

necessidade de conviver bem, de dar e receber ajuda, de escutar e ser escutados, de amar e ser amados.

Isso também vale no processo de aprendizagem dos estudantes no contexto escolar, universitário e nos encontros formativos.

> No currículo, deve ser um princípio norteador dos objetivos de aprendizagem, pautado nos princípios e valores de uma ética ecológica integral. Nos encontros formativos, educadores/as e educandos/as são chamados/as a assumir uma liderança que, com vistas ao bem comum, à justiça e à paz social, discuta a realidade mundial, suas fragilidades e possibilidades; promova encontros entre diferentes gerações; incentive o voluntariado e o trabalho em rede com as escolas do município; envolva a comunidade local na reflexão e ação; promova espaço-tempos de escuta e orientação humano-espiritual; e direcione os esforços das pesquisas em prol da sustentabilidade e do bem comum planetários (CONTRERAS; PAULA; CHESINI, 2021, p. 16).

Ao promover a aprendizagem da cabeça, do coração e das mãos, a educação intelectual e socioemocional, a transmissão dos valores e virtudes individuais e sociais, o ensino da cidadania engajada e solidária com a justiça e a transmissão das competências e conhecimentos que formam os jovens para o mundo do trabalho e da sociedade, as famílias, as escolas e as instituições tornam-se veículos essenciais para o *empowerment* da próxima geração.

"Pensamos que a educação seja um dos caminhos mais eficazes para humanizar o mundo e a história. A educação é, sobretudo, uma questão de amor e responsabilidade que se transmite, ao longo do tempo, de geração em geração" (PAPA FRANCISCO, 2020). Diante dessa conjuntura, o desafio do encontro e da proximidade é

> [...] vivenciar a educação sob o olhar do encontro de diferentes culturas, gerações e seguimentos religiosos. O/a educando/a é um ser dotado/a

> de saberes que adentra nosso espaço, para assim construirmos de fato uma verdadeira comunidade fazendo o bem com muita ordem, respeitando e promovendo a dignidade de cada pessoa, a exemplo de Jesus Educador. Em suma, a aplicabilidade do conceito acontece à medida que se olha o/a educando/a como multiplicador/a do que defendemos e acreditamos (CONTRERAS; PAULA; CHESINI, 2021, p. 42).

Portanto, ao refletirmos sobre a cultura do encontro e da proximidade proposta pelo Papa Francisco no Pacto Educativo Global (2020), é importante termos presente que o mundo plural não deve ser entendido como um mundo rodeado de ameaças, mas como uma riqueza e um dom para o nosso tempo. "As diferenças não deveriam nos apartar, mas nos entusiasmar a descobrir horizontes novos" (CHESINI; RESENDE, 2021, p. 20).

3. A gestão das instituições educativas a partir do pacto educativo

No pensamento do Papa Francisco, expresso no Pacto Educativo Global (2020), a Educação Católica configura-se como um dos desafios mais importantes da Igreja e da educação, estendendo às instituições educativas, principalmente nestes tempos de pluralidade cultural, diversidade e falta de diálogo e aprendizado mútuo.

> Numa aldeia assim, é mais fácil encontrar a convergência global para uma educação que saiba fazer-se portadora de uma aliança entre todos os componentes da pessoa: entre o estudo e a vida; entre as gerações; entre os professores, os alunos, as famílias e a sociedade civil, com as suas expressões intelectuais, científicas, artísticas, desportivas, políticas, empresariais e solidárias (PACTO EDUCATIVO GLOBAL, 2020, p. 5).

Nesse sentido, o Pacto Educativo Global (2020) propõe a necessidade de superação dos obstáculos que impedem a formação para o diálogo e para o encontro, de modo que esse encontro pedagógico ocorra em toda a sua plenitude.

Para atingir os objetivos globais do Pacto Educativo Global, o Papa Francisco propõe dois desafios a serem enfrentados pelos gestores e pela "aldeia da educação":

> Primeiro, ter a coragem de colocar no centro a pessoa. Por isso, é preciso assinar um pacto para dar uma alma aos processos educativos formais e informais, que não podem ignorar o fato de que tudo, no mundo, está intimamente conexo e é necessário encontrar – segundo uma sã antropologia – outros modos de compreender a economia, a política, o crescimento e o progresso. Em um percurso de ecologia integral, coloca-se no centro o valor próprio de cada criatura, em relação com as pessoas e com a realidade que a rodeia, e propõe-se um estilo de vida que rejeite a cultura do descarte (PACTO EDUCATIVO GLOBAL, 2020, p. 5).

No processo de gestão, o Papa Francisco, na mensagem introdutória do Pacto Educativo Global (2020), apresenta passos significativos para atingir tais desafios.

> Um passo é a coragem de investir as melhores energias com criatividade e responsabilidade. A ação propositiva e confiante abre a educação para uma projeção a longo prazo, que não encalhe na tendência estática das condições. Assim, teremos pessoas abertas, responsáveis, disponíveis a encontrar o tempo para a escuta, o diálogo e a reflexão, e capazes de construir um tecido de relações com as famílias, entre as gerações e com as várias expressões da sociedade civil, de modo a constituir um novo humanismo. Um novo passo é a coragem de formar pessoas disponíveis para se colocarem a serviço da comunidade (PACTO EDUCATIVO GLOBAL, 2020, p. 5).

Os gestores são os principiais mediadores desse processo. "Nunca como agora houve necessidade de unir esforços em uma ampla aliança educativa para formar pessoas maduras, capazes de superar fragmentações e contrastes e reconstruir o tecido das relações em ordem a uma humanidade mais fraterna" (PACTO EDUCATIVO GLOBAL, 2020, p. 8).

O Pacto Educativo Global (2020, p. 8) "[...] espera uma nova época de compromisso educativo que envolva todos os componentes da sociedade". Esse Pacto pode ser aplicado aos gestores educacionais para que se comprometam pessoalmente a empreender sete caminhos:

1. Colocar a pessoa no centro de cada processo educativo, realçar a sua especificidade e a sua capacidade de estar relacionado com os outros, contra a cultura do descartável.
2. Ouvir as gerações mais novas. Escutar a voz das crianças, dos adolescentes e jovens para juntos construir um futuro de justiça e de paz, uma vida digna para cada pessoa.
3. Promover a mulher. Favorecer a participação plena das meninas e das jovens na educação.
4. Responsabilizar a família. Ver na família o primeiro e indispensável sujeito educador.
5. Abrir-se à acolhida. Educar e educar-nos à acolhida, abrindo-nos aos mais vulneráveis e marginalizados.
6. Renovar a economia e a política. Estudar novas formas de compreender a economia, a política, o crescimento e o progresso, a serviço do homem e de toda a família humana, na perspectiva de uma ecologia integral.
7. Cuidar da Casa Comum. Cuidar e cultivar a nossa Casa Comum, protegendo os seus recursos, adotando estilos de vida mais sóbrios e visando energias renováveis e respeitosas do meio ambiente (PACTO EDUCATIVO GLOBAL, 2020, p. 8).

Ao colocar a pessoa no centro do processo educativo, esse primeiro objetivo "destaca a necessidade de basear todas as ações educativas em um sólido fundamento antropológico, em uma visão saudável e precisa da pessoa" (PACTO EDUCATIVO GLOBAL, 2020, p. 10).

Essa reflexão desafia os gestores educacionais, por meio do caminho educacional, a reconstruir "o tecido das relações para fazer amadurecer uma nova solidariedade universal e dar vida a uma sociedade mais educadora" (PACTO EDUCATIVO GLOBAL, 2020, p. 10), assim como criar condições para que os membros das instituições conheçam os direitos humanos, garantir oportunidades iguais dentro da instituição educativa e cuidar de cada membro da instituição, principalmente dos mais frágeis.

Com o objetivo de *ouvir as gerações mais novas*, o Papa Francisco adota um princípio pedagógico com base no diálogo e na escuta das gerações mais velhas, por meio de três verbos: ouvir, transmitir e construir juntos (PACTO EDUCATIVO GLOBAL, 2020).

O Papa Francisco afirma que cabe aos educadores:

> Promover o protagonismo dos estudantes e jovens e o seu acesso à educação. Assegurar a participação dos representantes dos estudantes nos órgãos consultivos e deliberativos da sua instituição/organização. Criar comunidades educativas acolhedoras que estejam particularmente atentas aos alunos com necessidades educativas especiais. Condenar qualquer forma de desrespeito e exploração das crianças (PACTO EDUCATIVO GLOBAL, 2020, p. 11).

A promoção da mulher desafia todos para a atenção especial às meninas e jovens que por vezes são marginalizadas pela própria educação e sociedade. Cabe aos educadores garantir a presença equitativa masculina e feminina dentro das instituições educativas; promover e incentivar políticas a favor da participação das jovens no contexto educativo; promover a presença da mulher nos espaços de gestão, corpo docente e em órgãos colegiados; e, por fim, condenar todas as formas de discriminação (PACTO EDUCATIVO GLOBAL, 2020).

A família é o principal e indispensável sujeito da educação. É a célula essencial da sociedade e "como tal deve ser capaz de cumprir sua tarefa como fonte de relações generativas e constitutivas da pessoa a quem todos os outros sujeitos devem concorrer" (PACTO EDUCATIVO GLOBAL, 2020, p. 13).

Aos educadores cabe a missão de envolver as famílias nas atividades educativas; garantir a presença de pais nas instâncias consultivas da instituição; constituir pactos educativos entre as famílias e escola, universidade, bem como incentivar programas de formação de pais (PACTO EDUCATIVO GLOBAL, 2020).

Ao desafiar a abrir-se à acolhida no processo educativo, principalmente aos mais marginalizados e vulneráveis, desafia as instituições a promover a educação do encontro, do acolhimento e da integração, superando a cultura do descartável por meio de projetos de inclusão (PACTO EDUCATIVO GLOBAL, 2020). Para atingir tais objetivos, o Pacto Educativo Global (2020, p. 14) sugere aos educadores

> promover programas de sensibilização em uma perspectiva intercultural e inter-religiosa. Acolher estudantes e pessoas de outros países na sua instituição/organização (internacionalização). Iniciar programas de cooperação internacional para a construção de um mundo mais fraterno e acolhedor.

A renovação da ideia de economia e a política permeiam o contexto de inclusão, desenvolvimento sustentável e compromisso da construção do bem comum, por meio da educação a serviço da comunidade. Cabe aos gestores educacionais incentivar as instituições educativas a investigar sobre economia, política, crescimento e progresso, com ideias inovadoras e inclusivas, e propor a educação integral a serviço dos valores de participação, democracia, paz, justiça, fraternidade e igualdade (PACTO EDUCATIVO GLOBAL, 2020).

Por fim, o desafio de cuidar da Casa Comum, que é o nosso planeta, por meio da educação fundada no respeito, no cuidado do estilo de vida favorável ao meio ambiente, no investimento em energias renováveis e na proteção e multiplicação de espaços verdes no ambiente educativo e social. De acordo com o Papa Francisco, os educadores precisam:

> Incentivar atividades na sua organização em defesa do ambiente. Desenvolver o cuidado para a Casa Comum e refinar a capacidade de levar o coração à beleza em face das maravilhas da criação. Facilitar a conversão em energias renováveis para o sustento energético da sua instituição/organização. Criar espaços verdes nos seus centros educativos proporcionalmente ao número de membros da sua instituição/organização (PACTO EDUCATIVO GLOBAL, 2020, p. 16).

Concordamos com a posição de Lück (2009, p. 12), quando ela enfatiza que

> [...] a qualidade da educação se assenta sobre a competência de seus profissionais em oferecer para seus alunos e a sociedade em geral experiências educacionais formativas e capazes de promover o desenvolvimento de conhecimentos, habilidades e atitudes necessárias ao enfrentamento dos desafios vivenciados em um mundo globalizado, tecnológico, orientado por um acervo cada vez maior e mais complexo de informações, e por uma busca de qualidade em todas as áreas de atuação. [...] Nenhuma escola pode ser melhor do que os profissionais que nela atuam. Nem o ensino pode ser democrático, isto é, de qualidade para todos, caso não se assente sobre padrões de qualidade e competências profissionais básicas que sustentem essa qualidade.

A perspectiva educacional sugerida pelo Papa apoia-se nos seguintes aspectos:

> 1. No valor do diálogo, que fundamenta o pluralismo cultural e religioso;

> 2. Na preparação qualificada de formadores, tendo em mente que não podem improvisar e que educar é um ato de amor exigente, "muito competente, qualificado e, ao mesmo tempo, rico de humanidade, capaz de permanecer no meio dos jovens com um estilo pedagógico, para promover o seu crescimento humano e espiritual" (PACTO EDUCATIVO GLOBAL DO BRASIL, 2020, p. 15).

E, ainda, o Papa Francisco nos pede uma visão audaciosa a fim de superar processos educativos estanques.

> Hoje é-nos pedida a audácia necessária para ultrapassar visões extrínsecas aos processos educativos, superar as excessivas simplificações circunscritas à utilidade, ao resultado (padronizado), à funcionalidade e à burocracia, que confundem educação com instrução e acabam por fragmentar as nossas culturas; em vez disso, somos solicitados a procurar uma cultura integral, participativa e poliédrica. Precisamos ter a coragem de gerar processos que assumam, conscientemente, a fragmentação existente e os contrastes que efetivamente carregamos conosco; a coragem de recriar o tecido de relações em prol de uma humanidade capaz de falar a linguagem da fraternidade. O valor das nossas práticas educativas não será medido simplesmente pela superação de testes padronizados, mas pela capacidade de incidir no coração de uma sociedade e fazer nascer uma nova cultura. Um mundo diferente é possível e pede que aprendamos a construí-lo, e isto envolve toda a nossa humanidade, tanto em nível pessoal como comunitário (PAPA FRANCISCO, 2020, p. 24).

Na caminhada de gestor educacional é importante ter presente que na ação educativa é preciso que se saiba "entrar intrepidamente no areópago das culturas contemporâneas e estabelecer um diálogo, conscientes do dom que podem oferecer a todos [...]", na perspectiva de "[...] integração ao mundo, evitando-se o isolamento", sendo testemunho. "[...] Não se pode educar sem coerência e testemunho", promovendo "[...] a transmissão de conteúdo, hábitos e sentidos dos valores, os três elementos juntos" (PAPA FRANCISCO, 2014, p. 48).

Na fala das três línguas: a língua da mente, a língua do coração e a língua das mãos. Na educação do cuidado com a Casa Comum, para a educação e espiritualidade ecológicas (FRANCISCO, 2015), assim como "as práticas educativas precisam estimular essa inquietude, em ambientes diversos e de formas criativas, de proximidade com o outro e de interação com a natureza, nossa Casa Comum" (CONTRERAS; PAULA; CHESINI, 2021, p. 81).

Portanto, o gestor escolar está a serviço do projeto de Cristo.

> O serviço é um pilar da cultura do encontro: significa inclinar-se sobre quem é necessitado e estender-lhe a mão, sem cálculos nem receio, com ternura e compreensão, como Jesus se inclinou para lavar os pés dos Apóstolos. "Servir significa trabalhar ao lado dos mais necessitados, estabelecer com eles, antes de tudo, relações humanas, de proximidade, vínculos de solidariedade" (PACTO EDUCATIVO GLOBAL, 2020, p. 5).

Esse olhar sobre a educação e o sistema educativo, a fim de enfrentar o momento atual, nos deve levar a garantir e a desenvolver nossas capacidades. Como gestores educacionais, devemos afinar nossas ferramentas, aprofundar nossos conhecimentos e colocar em prática o proposto pelo Pacto Educativo Global (2020), por meio da sistematização do pensamento pedagógico focado na pessoa e na ética do cuidado, convite a uma nova intencionalidade diante de tudo o que já fazemos. Necessitamos nos desafiar a fazer com que educadores, agentes políticos, lideranças comunitárias se comprometam com a educação integral da pessoa, e não apenas com projetos de mercado, e precisamos nos sentir chamados a acreditar que uma educação humanista é a chave para a mudança de médio e longo prazo da humanidade, diante de certas urgências (ambiental, social, econômica e política).

Considerações finais

O Papa Francisco insiste nos três saberes, simbolizados pela cabeça, coração e mãos. A cabeça para iluminar o saber intelectual, que nos permite ver e compreender o mundo. O coração para iluminar o saber afetivo-emocional que nos permite interpretar o mundo. As mãos para iluminar os saberes ético, político e técnico, que nos permitem fazer e agir no mundo.

No Pacto Educativo Global (2020), ao promover a aprendizagem da cabeça, do coração e das mãos, a educação transmite valores e virtudes para os estudantes, assim como transmite competências e habilidades que formam os estudantes para a vida.

O Papa Francisco insiste nas três coragens que todo gestor necessita para gerir a instituição de ensino que luta para uma educação integral e humana: é preciso colocar a pessoa no centro do processo educativo, investir as melhores energias, forças e recursos para que o educando seja tocado na cabeça, no coração e nas mãos; educar para a paz, a responsabilidade, a sustentabilidade; e a consciência ecológica global. Portanto, a educação transforma as pessoas, as pessoas transformam o meio e do meio transformado surge um novo mundo.

Ao apresentar o Pacto Educativo Global (2020), o Papa Francisco não trata diretamente da gestão escolar, mas deixa claro que todos os envolvidos no processo educativo precisam ter presente que a pessoa deve estar no centro do processo de educar. É importante que cada um dos integrantes da comunidade educativa conheça seu papel e a relevância da formação continuada para atender à demanda da educação.

O gestor escolar tem o papel fundamental de lidar com as competências, habilidades, valores e as crenças de todos os envolvidos nas ações da instituição educativa, com o intuito de canalizar as melhores energias, forças e recursos para atingir os objetivos e focar na pessoa do educando no processo educativo.

O gestor escolar que tem o foco no Pacto Educativo Global (2020) coloca a pessoa no centro do processo educativo, por isso cuida, respeita e ama as pessoas que constituem a comunidade educativa da qual ele é o gestor. O cuidar, o respeitar e o amar incluem a aprendizagem como fim primeiro do processo educativo.

O Papa Francisco estimula os gestores e educadores a serem audaciosos e criativos. Portanto, fazer gestão escolar e educar é uma arte que exige paixão, envolvimento e comprometimento com os educandos, fazendo do aluno o centro do processo educativo.

Referências

CHESINI, Cláudia; RESENDE, Júlio César Evangelista. *A Igreja do Brasil, com o Papa Francisco, no Pacto Educativo Global*: orientações gerais. Conferência Nacional dos Bispos do Brasil, Associação Nacional de Educação Católica, Conferência dos Religiosos do Brasil. Brasília, 2021.

CONTRERAS, Humberto Silvano Herrera; PAULA, Jorge Luiz de; CHESINI, Chesini (Org.). *Dicionário do Pacto Educativo Global*. Curitiba: ANEC, 2021.

LÜCK, Heloísa. *Ação Integrada*: administração, supervisão e orientação educacional. 4. ed. Petrópolis, RJ: Vozes, 1981. p. 66.

PACTO EDUCATIVO GLOBAL. *Vademecum*: Congregatio de Institutione Catholica. Vaticano, 2020. Disponível em: https://www.educationglobalcompact.org/resources/Risorse/vademecum-portuges.pdf. Acesso em: 02 nov. 2021.

PAPA FRANCISCO. *Laudato Si'*: sobre o cuidado da Casa Comum. São Paulo: Paulinas, 2015.

PAPA FRANCISCO. *Mensagem em vídeo do Papa Francisco por ocasião do encontro promovido pela Congregação para a Educação Católica*: "Global Compact on Education. Together to

Look Beyond". Pontifícia Universidade Lateranenese. Vaticano, 15 out. 2020. Disponível em: https://www.vatican.va/content/francesco/pt/messages/pont-messages/2020/documents/papa-francesco_20201015_videomessaggio-global-compact.html. Acesso em: 04 dez. 2021.

PAPA FRANCISCO. *Visita ao Parlamento Europeu e ao Conselho da Europa.* Discurso do Santo Padre ao Conselho da Europa, em 25 de novembro de 2014. Disponível em: http://w2.vatican.va/content/francesco/pt/speeches/2014/november/documents/papa-francesco_20141125_strasburgo-consiglio-europa.html. Acesso em: 05 nov. 2021.

SÍNODO DOS BISPOS. *Os jovens, a fé e o discernimento vocacional.* XV Assembleia Geral Ordinária dos Bispos. Vaticano, 3-28 out. 2018. Disponível em: http://www.synod.va/content/synod2018/pt/documento-final-del-sinodo-dos-bispos--os--jovens--a-fe-e-o-disce.html. Acesso em: 02 dez. 2021.

VIII. Experiências exitosas em torno do Pacto Global

Cláudia Chesini

Resumo

O convite do Papa Francisco para que a humanidade estivesse atenta à educação das novas gerações, estabelecendo uma grande *aliança*, repercute até hoje na mente, no coração e nas mãos daquele/as que desenvolvem, ao longo da própria existência, a sabedoria de que o futuro da "Casa Comum" passa pela educação das novas gerações. O Papa Francisco (2019), através da proposta de um Pacto Educativo Global, apresenta o itinerário de "con-versão" pessoal e coletiva, que requer estudo, reflexão e aprofundamento através do conhecimento da ciência e da sabedoria da religião, a fim de educar as novas gerações para uma convivência pacífica, acolhendo a todos e sem discriminações no desenvolvimento integral e no cuidado da "Casa Comum".

Introdução

O convite do Papa Francisco especificamente para um Pacto Educativo Global, realizado em setembro de 2019, foi um misto de surpresa e de desafio. Movidos/as pelas suas palavras, muitos/as deixaram-se interpelar e, persuadidos/as pela sua liderança, saíram da zona de conforto, mobilizaram "meio mundo" e, no encontro dos pontos de convergência, foram surgindo parcerias, amizades e muito trabalho nessa circularidade de processos de reflexão-ação-construção-escrita. Aqui, neste texto, trazemos presente o gênero feminino, que, com um "olhar" atento, procura perscrutar o tempo, os fatos e o horizonte, na busca de possibilidades que viabilizem o sonho de um compromisso vital com a educação.

Sem a pretensão de esgotar possibilidades, nossa proposta é uma reflexão sobre os objetivos do Pacto Educativo Global, os fatos que o motivaram e a mobilização desencadeada a partir da proposta do Papa Francisco como educador e religioso jesuíta. Olhar o entorno, considerando as "fraturas da realidade" e apresentar elementos que possam desencadear e/ou fortalecer movimentos que tornem viável uma grande Aliança, faz parte de nós!

1. O educador jesuíta

A história da educação se confunde com a história dos povos, desde as primeiras civilizações, com a educação oral, seguida pelas pinturas, pelas letras cuneiformes, os alfabetos, a escrita, a significativa influência dos gregos, até a influência da cultura romana. Um retrato dessa viagem no tempo é o afresco Escola de Atenas (300 a 400 a.C.), pintado na "Stanza della Segnatura", no Museu Vaticano. Nessa imagem, Raffaello Sanzio retrata o saber humano e a conquista do belo, destacando ao centro os filósofos Platão e Aristóteles, rodeados por cientistas e intelectuais. Platão está com um braço elevado e com a mão indica o céu, referindo-se as ideias que foram objeto de seu estudo. Já Aristóteles, seu aluno, tem o braço à frente de si mesmo, com a palma da mão para baixo, indicando seu interesse pela experiência e pela natureza. Esse trabalho foi um pedido do Papa Giulio para representar uma cena ambientada no mundo clássico (Grécia), indicar as raízes da civilização romana e ao mesmo tempo representar o bem, o verdadeiro e o belo, único caminho para chegar a Deus. Assim, temos a ciência e a fé contextualizadas na realidade, como substrato para, por meio da educação, o ser humano tornar-se mais humano.

É com essa bagagem de história da educação, representada nesse quadro, que o Papa Francisco forma seu pensamento sobre a importância da educação, desde o início da sua vida como padre e provincial jesuíta e bispo, arcebispo e papa na hierarquia da Igreja Católica.

Por outro lado, faz parte de sua concepção de educação também a história da salvação, com a experiência de um Deus educador do coração humano, mas também educador do seu povo. Essa experiência se manifesta no pensar da Igreja, expresso na *Gravissimum Educationis*, na qual, desde os primeiros séculos do Cristianismo, a Educação Católica é um espaço privilegiado, inserida no campo da cultura acadêmica e no mundo da Educação Básica, reconhecendo-a como "direito universal, e compreendendo ser necessário que, tendo em conta os progressos da psicologia, pedagogia e didática, as crianças e os adolescentes sejam ajudados em ordem ao desenvolvimento harmônico das qualidades físicas, morais e intelectuais, e à aquisição gradual de um sentido mais perfeito da responsabilidade na própria vida, retamente cultivada com esforço contínuo e levada diante na verdadeira liberdade, vencendo os obstáculos com magnanimidade e constância" (*Gravissimum Educationis*, 1965, n. 1).

Nesse percurso de Igreja, várias outras manifestações revelam a importância da educação, como, por exemplo, o Documento de Aparecida, o qual afirma que a educação deve oferecer às crianças e aos jovens o encontro com os valores culturais do próprio país, descobrindo e integrando neles a dimensão religiosa e transcendente (Documento de Aparecida, 2007, n. 239).

Ao assumir sua missão como líder da Igreja Católica, Francisco coloca em curso seus valores e sua compreensão de educação e de Igreja a partir de seus estudos e experiências de vida, ou seja, movido pela fé, adentra nos vários aspectos da sociedade, mas visivelmente no mundo da educação. Em seu pontificado, desencadeou vários processos de reflexão e de mobilização, como o sínodo da família

(A vocação e a missão da família no mundo contemporâneo, 2015), o sínodo dos jovens (Os jovens, a fé e o discernimento vocacional, 2018), o sínodo da Amazônia (Novos caminhos para a Igreja e para a ecologia integral, 2020), a proposta de "realmar" a economia com a Economia de Francisco e Clara e o chamamento para um Pacto Educativo Global (12 de setembro de 2019).

2. Alguns fatos que antecederam o chamamento para o Pacto Educativo Global

Em seu pontificado, o Papa Francisco recordou inúmeras vezes o quanto se faz necessário, através da educação, unir esforços para sanar as fraturas presentes na humanidade. Em 2013, afirma que "todos somos responsáveis pela educação das novas gerações" e reforça esse chamamento em 2015, no Encontro Mundial de Educação Católica: "O pacto educativo entre família, escola e estado está quebrado. Todos somos responsáveis pela educação das novas gerações".

Com esta percepção, escreve a Encíclica *Laudato Si'* (2015), na qual divulga informações e aprofunda o compromisso de todos, especialmente em relação ao planeta Terra, revelando a compreensão de que habitamos uma "Casa Comum". É um desafio cultural, espiritual e educativo (*Laudato Si'*, n. 239).

Em 2017, falando especialmente às universidades, afirma ser necessário "humanizar a educação e que tecer redes é um caminho a ser percorrido por todos". Na Academia, a ciência deve responder às grandes questões da humanidade, estando a serviço da vida em suas diversas maneiras, desde o ventre materno até a relação com a "Casa Comum".

Na encíclica sobre a família (2018) aborda a importância do amor presente na vida dos pais e o compromisso dos adultos na educação das novas gerações. Comenta sobre a necessidade de um Pacto Educativo, em que a colaboração entre família, escola e sociedade é fundamental, como afirma no discurso aos educadores católicos italianos:

> É necessário reconhecer as mudanças relativas tanto à família como à escola, e renovar o compromisso em prol de uma colaboração construtiva – isto é, restabelecer a aliança e o pacto educativo – para o bem das crianças e dos jovens. E uma vez que essa sinergia já não acontece de modo "natural", é preciso favorecê-la de maneira planificada, inclusive com a contribuição de especialistas em campo pedagógico. Mas, antes ainda, é necessário estimular uma renovada "cumplicidade" – estou ciente do uso desta palavra –, uma nova cumplicidade entre professores e pais. Antes de tudo, renunciando a considerar frentes contrapostas, culpando-se reciprocamente, mas, ao contrário, colocando-se uns no lugar dos outros, compreendendo as dificuldades objetivas que hoje ambos encontram na educação e, deste modo, criando maior solidariedade: cumplicidade solidária (Discurso à Associação Italiana de Professores Católicos, 2018).

Em fevereiro de 2019, por ocasião de sua viagem apostólica aos Emirados Árabes Unidos, Francisco exorta as lideranças religiosas a "reconhecer que Deus está na origem da única família humana e moramos como irmãos e irmãs nesta Casa Comum que ele nos deu". Somos chamados, como quem acredita, a trabalhar pela dignidade de todos, sem distinção, reconhecendo as diferenças, experienciando a alteridade, como diálogo e oração.

Assim, partindo de sua preocupação para com a educação das novas gerações, por ocasião do aniversário da Encíclica *Laudato Si'* e do encontro ocorrido com lideranças religiosas nos Emirados Árabes Unidos, em fevereiro de 2019, lança um convite para todos, família, escola e sociedade, a fim de formar uma grande aliança, ou seja, selar um Pacto Educativo Global.

> Para reavivar o compromisso em prol e com as novas gerações, renovando a paixão por uma educação mais aberta e inclusiva, capaz de escuta paciente, diálogo construtivo e mútua compreensão, convido todos a unir esforços numa ampla aliança educativa para formar pessoas maduras, capazes de superar fragmentações e contrastes e recons-

> truir o tecido das relações em ordem a uma humanidade mais fraterna (Discurso, 12/09/2019 e 04/10/2021).

Aqui no Brasil, este convite foi acolhido com alegria, surpresa e certa apreensão: "Como acontecerá isso?".

3. O percurso

Um convite tão amplo, mas direcionado para aqueles e aquelas que se percebem educadores/as, encontrou eco no coração e faz acontecer pequenas ações que, ampliadas, mobilizam muitos a assumir ora a liderança, ora serem liderados, tendo em comum os objetivos do Pacto Educativo Global.

Destacamos aqui a liderança de algumas instituições, como a da Associação Nacional de Educação Católica, ANEC; do Setor Educação da CNBB; da Conferência dos Religiosos do Brasil, CRB; do Movimento de Educação de Base, MEB e de várias outras instituições e pessoas que percorrem esse caminho de "com-versão" e se unem em uma grande *aliança*, assumindo a proposta do Pacto Educativo Global aqui no Brasil, com o lema: "A Igreja do Brasil, com o Papa Francisco, no Pacto Educativo Global", definindo como identidade visual o logotipo internacional do Pacto colocado no mapa do Brasil, com as cores verde e azul.

> O logotipo do "Pacto Global pela Educação" é um desenho estilizado do globo terrestre abraçado por uma figura humana e tem o objetivo de expressar o convite do Papa Francisco para que todas as pessoas e instituições se envolvam, participem e colaborem com o Pacto. O desafio do logo é comunicar os valores, raízes e propósitos do Pacto Educativo Global. Por isso, foi escolhida a cor verde, para lembrar a natureza, o crescimento, a renovação e também a esperança, a possibilidade de "semear" sonhos proféticos. A cor azul, para lembrar a dimensão espiritual e, também, o que cada pessoa pode contribuir para alcançar

> a Paz. E, então, o dourado, para representar a luz, o sagrado. Salienta-se que toda aliança para o bem comum e para o bem da humanidade tem algo de sagrado. No centro, está a pessoa humana, que realiza uma ação de cuidado e proteção do mundo, da Casa Comum que lhe foi confiada. A linha do círculo simboliza o macrocosmo, que é Deus e expressa o começo e o fim de tudo: ser, totalidade. Para apontar a vivência do Pacto Educativo Global no Brasil, o logo internacional foi inserido dentro do contorno do mapa do país (Brasil) com o texto "A Igreja do Brasil, com o Papa Francisco, no Pacto Educativo Global" (RESENDE; CHESINI, 2020, p 31).

Formam-se grupos de trabalho ligados à ANEC em todas as Unidades da Federação, especialmente contando com o apoio das universidades. Com as instituições parceiras são organizados Seminários Regionais e o lançamento do Pacto no Brasil, em 31 de janeiro de 2020, pela CNBB, e em abril do mesmo ano pela ANEC e demais entidades. Contudo, com a pandemia, mudanças significativas foram acontecendo. Os seminários regionais foram ocorrendo de forma *online*, porém, mantiveram as sugestões de temas encaminhados pelos GTs dos estados. Já o lançamento oficial em nível nacional foi definido para o dia 15 de outubro, juntamente com a data proposta por Roma, sendo transmitido diretamente do Vaticano via redes sociais da CNBB e da ANEC. Foram meses de preparação intensa e de elaboração de materiais didáticos, desde o compromisso pessoal/institucional até as publicações e *lives*, envolvendo sempre um número maior de pessoas. Citamos alguns exemplos.

Lançamento das Orientações Gerais para o Pacto Educativo Global: ANEC, CNBB, CRB e MEB, com o apoio do GT Editoras Católicas da ANEC; realização das "*Lives* da Solidariedade", com o envolvimento da imprensa católica; elaboração e divulgação do *Manual do Pacto Educativo Global* e do livreto *Pacto Educativo Global para crianças*, com a participação de profissionais de várias Secretarias Municipais de Educação do Brasil, bem como da Articulação

Brasileira da Economia de Francisco e Clara; além de entrevistas, debates, reflexões...

Das muitas iniciativas desenvolvidas atendendo ao chamamento para o Pacto Educativo Global, citamos algumas publicações nesse processo de reflexão e escrita, além do *Dicionário Bilíngue do Pacto Educativo Global* (2021) e a edição especial n. 12 da *Revista de Pastoral ANEC* – Pacto Educativo Global: romper fronteiras, criar comunhão:

- *Luces para el caminho*, livro organizado pela Organização Interamericana de Educação Católica, OIEC. Nasce com o objetivo de recolher a contribuição de pessoas ligadas à educação dos cinco continentes, que, através de projetos, de programas e do testemunho de vida, mostram que é possível percorrer um novo caminho educacional. Do Brasil, participaram representantes de todas as regiões.

> Este livro foi pensado como um espaço de encontro e diálogo para lançar luz sobre o caminho do Pacto Educativo Global. É um livro aberto e incompleto que busca inspirar a todos, contagiar você, encorajá-lo a compartilhar suas visões, a dialogar, debater, pesquisar e trabalhar juntos, de qualquer canto do mundo (OYEDA, 2020).

- A Confederação Interamericana de Educação Católica, CIEC, também contribui nesse processo de reflexão-escrita por meio de várias publicações, especialmente *Cuidar da Casa Comum: nossa contribuição ao Pacto Educativo Global.*

> Não há dúvida de que o valor do ecológico é o fio de ouro que costura todas as peças desta nutritiva compilação, entendendo que o magistério do Papa pretende, pedagogicamente, que o sentido de respeito pela natureza passe a ser um valor que forme parte da conduta das pessoas e constitua o critério "humano" que permita uma sintonia com seu ambiente, promovendo ações positivas que incentivem um uso ético dos recursos naturais para um equilíbrio ecológico e social (MARADIAGA, 2020).

- *Educação na pandemia e pós-pandemia* é uma publicação produzida pela Articulação Brasileira Pacto Educativo Global (ABPEG), na qual participam mais de 60 entidades. Patrícia Dorneles, coordenadora da ABPEG, apresenta o objetivo desta publicação: "É preciso pensar na educação popular, social e comunitária".
- O Movimento de Educação de Base, MEB, reflete e escreve sobre esse chamamento especialmente a partir de Paulo Freire: "Daí a importância de mergulhar nos contributos de uma filosofia educacional libertadora para identificar os seus desafios inspiradores para os tempos atuais, reinventando-os, com o objetivo, também, de reinventar as nossas práticas" (apud HOLLIDAY, 2021, p. 48). Assim, inspirados no Pacto Educativo Global, no pensamento de Paulo Freire e na história latino-americana e caribenha, são propostas outras perspectivas de sentido, outros valores como justiça, equidade, solidariedade, respeito, diálogo, problematização e atitude crítica, cuidado com a natureza e com a vida, entre outros.
- A revista *Dignidade Re-vista*, em seu n. 13, aborda o tema Pacto Educativo Global: a busca por ressignificar a educação.

> Convidamos você a publicar e contribuir para a coletânea acadêmica, refletindo sobre a educação, em vista de ampliar o diálogo a partir dos projetos educativos, analisar as consequências e impactos dos sistemas econômicos de produção, repensar o papel e quem são os protagonistas do sistema educativo tanto no âmbito global quanto local. Prospectar como vamos superar e minimizar os vazios causados pela falta de planejamento educacional (Assis, 2021).

- Destacamos ainda o texto do *Instrumentum Laboris*, publicado em 2020 pela Congregação de Cultura e Educação do Vaticano, no qual se apresenta o desafio de construir uma *vila educativa*:

> A vila da educação deve colocar no centro a pessoa, favorecer a criatividade e a responsabilidade por uma projeto a longo prazo e formar

> pessoas disponíveis para se colocar a serviço da comunidade. Necessita, pois, de um conceito de educação que abrace a ampla gama de experiências de vida e processos de aprendizagem e que consinta aos jovens, individual e coletivamente, desenvolver a sua personalidade. A educação não se esgota nas aulas das escolas ou das universidades... (*Instrumentum Laboris*, 2020, p. 3).

É importante salientar que nesse movimento de reflexão e escrita, também, várias e significativas reflexões sobre o tema geram movimentos de pensamento, de emoção e de ação. Destacamos a reflexão que vem acontecendo em várias universidades e escolas, nos Regionais da CNBB, nos Regionais da CRB e em várias Congregações, nas rodas de conversas do MEB, nos Seminários organizados pela ABPEG nos estados e em tantos locais onde o sonho se torna possível...

4. Acompanhamento e novo impulso

A partir do convite lançado em setembro de 2019, o Papa Francisco acompanha esse caminho de "con-versão", pessoal e social, sempre com novas possibilidades, aprofundando temas e apresentando conexões com as várias propostas de educação integral e cuidado da Casa Comum. Nesse percurso destacamos:

- A participação na COP 26, através do documento assinado por mais de vinte lideranças religiosas e cientistas e enviado ao presidente da Conferência do Clima, com o objetivo de chamar as nações ricas para o compromisso de ajudar as nações mais pobres, para juntos cuidarmos da nossa Casa Comum. Nessa Conferência, destacamos o discurso de Taxai Suruí, uma estudante de Direito brasileira, do estado de Rondônia, do povo Paiter Suruí, fundadora e coordenadora do Movimento da Juventude Indígena do seu estado. Falando na mesma tribuna que falaram as lideranças de vários países, ela destaca:

> [...] eu tenho só 24, mas meu povo vive há pelo menos 6 mil anos na floresta Amazônica. Meu pai, o grande cacique Almir Suruí, me ensinou que devemos ouvir as estrelas, a Lua, o vento, os animais e as árvores. [...] Enquanto vocês estão fechando os olhos para a realidade, o guardião da floresta Ari Uru-Eu-Wau-Wau, meu amigo de infância, foi assassinado por proteger a natureza.

- Em 2021, a publicação de três instrumentos pelo Dicastério para a Cultura e a Educação, no intuito de manter viva a chama e oferecer mais orientações e subsídios de trabalho concreto, para auxiliar na implementação das várias iniciativas. Um instrumento é o *Vademecum*, como guia para a implementação do Pacto Educativo Global, destinado aos educadores, que tem a missão de acompanhar crianças e jovens nos vários níveis de formação, tanto formais como informais. O segundo instrumento é o volume *Educazione tra crisi e speranza* (Educação entre a crise e a esperança), publicado pela Livraria Editora Vaticana, reconhecido como diretriz, no qual são apresentados cinco temas centrais do Pacto Educativo Global e as suas várias articulações: diálogo inter-religioso e intercultural, dignidade e direitos humanos, cultura da paz e da cidadania, fraternidade e cooperação, tecnologias e ecologia integral. Estes temas estão sendo aprofundados por uma das universidades de referência, sendo que as instituições e pessoas interessadas em colaborar deverão contatá-las. Já o terceiro instrumento é um modelo de acordo que pode ser usado localmente para construir uma aliança operacional voltada para concretizar o Pacto Educativo Global.

Toda essa mobilização tem em vista a dignidade da pessoa humana, a educação integral e o bem comum, pontos essenciais para o Papa Francisco. A partir da nossa observação, porém, considerando as falas, os escritos e os fatos, especialmente neste tempo de pandemia, destacamos a seguir alguns elementos que se sobressaem na dinâmica desta proposta.

1.1 Centralidade da pessoa humana

É visível que, diante das fraturas da sociedade, o ser humano também está em crise. Evidencia-se a crise quando ele abandona suas raízes mais profundas, sustentadoras do vital humano e de corresponsabilidade ante todas as formas de vida. No tecer das relações que sustentam o ser humano e que se entrelaçam entre si é que se estabelecem as bases da ética como cuidado. São elas: relação de cuidado consigo mesmo/a, de respeito para com os outros/as, de amorosidade para com a "Casa Comum" e abertura à transcendência. "São como fios... que formam a teia da vida" (AGOSTINI, 2010, p. 75), formando as bases de sustentação da própria existência.

Sob este enfoque, o ser humano é chamado a ser imagem e semelhança de Deus no encontro com o outro, em uma relação de circularidade. É um chamado à esperança, com o esforço de percorrermos caminhos que se iniciam com pequenas ações, que geram movimento, processos e fazem acontecer a mudança, tornando real o sonho. Parte da pessoa, mas está vinculado ao encontro com o outro, ao bem. É na experiência de encontrar-se também com o outro que é fortalecida a cultura do encontro, que "pode levar a uma justiça sustentável e à paz para todos, bem como a um autêntico cuidado por nossa Casa Comum" (Audiência, 2021).

Nesse processo, o que nos anima é o encontro com Jesus: ele nos mostra a ternura de um encontro, e não só a ternura, como também a fecundidade de um encontro, a exemplo do encontro com a viúva de Naim (Meditações, Capela Santa Marta, 2016).

Diante desse desafio impõe-se perguntar: eu acredito no ser humano? Quais são as características do ser humano que são significativas para mim?

1.2 Escuta

O livro *Luces para el caminho*, organizado pela OIEC, apresenta respostas aos desafios e esperanças da educação hoje. Participaram representantes dos vários atores da educação nos cinco continentes, desde diretores, reitores, alunos do ensino médio e de universidades, lideranças de associações de pais, diretores de várias redes públicas e privadas. Na apresentação, um dos organizadores, Juan Ojeda Ortiz, chama a atenção para um elemento comum às respostas dos representantes dos cinco continentes: a necessidade da escuta.

A escuta é elemento imprescindível para o desenvolvimento integral do ser humano, especialmente nas relações que estabelece consigo mesmo, com a natureza, com o outro e com Deus. Já dizia Rubem Alves, em seu livro *Ostra feliz não faz pérola*: "Não amamos a pessoa que fala bonito, mas a pessoa que escuta bonito" (ALVES, 2008).

Já nos relatos bíblicos são identificados vários textos relacionados à atitude ou à ação de ouvir bem como a parte do corpo identificada com a audição. O profeta Isaías, no terceiro cântico do Servo Sofredor, escreve: "Abrir os ouvidos e ativar a língua" (Is 50,4).

O evangelista Marcos, no relato da cura do surdo-mudo (Mc 7,31-37), mostra a importância de abrir os ouvidos para que a Palavra entre, e ele anuncie com a sabedoria, que é pacífica, modesta, conciliadora, misericordiosa, para com o surdo-mudo, mas também para com todos que admiravam o que Jesus fazia bem. E na reflexão pessoal e institucional: quem escutamos? O que mesmo escutamos na frenética vida diária, neste tempo de pandemia?

Nessa perspectiva, o Papa Francisco, ao assinar o prefácio do livro *Rimas à surpresa*, escrito por um jovem autor romano de 18 anos, Lucas Milanese, afirma:

> A poesia precisa da disposição de alguém para ouvir, e Lucas nos faz entender que a escuta é "a primeira forma de ternura". É, de fato, a

capacidade de criar espaço dentro de si mesmo para coisas novas, diferentes, aparentemente contraditórias, percebendo, então, que elas são "mais verdadeiras que as outras". É um exercício gratuito de escuta que nos remete à beleza, é uma experiência, "é um olhar interior" que impele a olhar para si mesmo, para os outros e para Deus, e que "sabe captar em coisas aparentemente casuais uma nova profundidade" (Prefácio, 21/01/2021).

1.3 Diálogo

Em um tempo marcado pelo sonho de fraternidade e de paz mundial, o desejo se torna projeto e tem a necessidade de diálogo com todas as pessoas de boa vontade (*Fratelli Tutti*, n. 6) e, "se verdadeiro, é capaz de derrubar muros". O questionamento se faz sentir: qual é o nosso padrão de comunicação? Temos um padrão assertivo, que expressa nossos sentimentos e necessidades, respeitando a nós mesmos e aos outros?

O convite da *Comunicação Não Violent*a é transformador! É um retorno à integração corpo e mente de modo consciente, sem compartimentalizações dos diferentes contextos, do relacionar-se consigo mesmo(a) e com os outros. Ao desenvolver a atitude de observação–sentimento–necessidade–pedido, é possível desencadear um processo de escuta, diálogo e comunicação.

Paulo Freire apresenta o diálogo como ato da criação entre a pronúncia da palavra e a ação, fundamentado no amor, na humildade e na esperança nos homens:

> O diálogo é uma exigência existencial. E, se ele é o encontro em que se solidarizam o refletir e o agir de seus sujeitos, endereçados ao mundo a ser transformado e humanizado, não pode reduzir-se a um ato de depositar ideias de um sujeito no outro, nem tampouco tornar-se simples troca de ideias a serem consumidas pelos permutantes. Não é também discussão guerreira, polêmica, entre sujeitos que não aspiram a

> comprometer-se com a pronúncia do mundo, nem a buscar a verdade, mas a impor a sua. Porque é encontro de homens que pronunciam o mundo... A conquista implícita no diálogo é a do mundo pelos sujeitos dialógicos, não a de um pelo outro (FREIRE, 1996, p. 78).

Os elementos acima apresentados são como que alavancas na superação das "fraturas da humanidade" (*Instrumento Laboris*, n. 7), também presentes no cotidiano, nas diversas relações que estabelecemos. O Papa Francisco, na videomensagem por ocasião do lançamento do Pacto Educativo Global, afirma que: "Toda mudança requer um percurso educativo para construir novos paradigmas capazes de responder aos desafios e emergências do mundo atual, de compreender e encontrar as soluções para as exigências de cada geração e de fazer florir a humanidade de hoje e de amanhã".

E seguimos...

O novo Pacto Educativo Global é um movimento para que a "Casa Comum" se torne uma aldeia educativa, onde o processo dialógico seja capaz de estabelecer alianças de paz, de justiça, de humanismo solidário e fraterno. O compromisso com as novas gerações, com uma educação mais aberta e inclusiva, de escuta paciente, de diálogo construtivo e de mútua compreensão, deve contribuir para a sensibilidade para com os mais vulneráveis. Que a vivência da educação que humaniza nos impulsione também na vivência da ecologia integral e da economia solidária.

Nosso desafio é conhecer, aprofundar e viabilizar o compromisso que decorre do Pacto Educativo Global. Tenhamos coragem! Avancemos juntos/as no caminho da "con-versão"!

Nosso sonho é que estas e muitas outras experiências exitosas se tornem sinalizadores do "rumo certo" da humanidade!

Referências

AGOSTINI, Nilo. *Ética, diálogo e compromisso*. São Paulo: FTD, 2010.

ALVES, Rubem. *Ostra feliz não faz pérola*. São Paulo: Planeta do Brasil, 2008. Disponível em: https://www.revistaprosaversoearte.com. Acesso em: 04 dez. 2021.

ARTICULAÇÃO BRASILEIRA PACTO EDUCATIVO GLOBAL. *Educação em tempos de pandemia e pós-pandemia*. Disponível em: https://www.facebook.com/pactoeducativoglobalbrasil. Acesso em: 21 dez. 2021.

ASSIS, Leandro Ferreira. *Dignidade Re-Vista*, Edital, v. 13, p. 2, ago./dez. 2021. Disponível em: https://www.facebook.com/dignidaderevista. Acesso em: 20 dez. 2021.

CHESINI, Cláudia; RESENDE, Júlio César Evangelista (Org.). *A Igreja do Brasil, com Papa Francisco, no Pacto Educativo Global*: orientações gerais. Brasília: ANEC, 2020.

CHESINI, Cláudia; DE PAULA, Jorge (Org.). *Pacto Educativo Global e Educação Popular*. Disponível em: https://confedpop2020.com.br. Acesso em: 23 dez.2021.

CONCÍLIO VATICANO II. *Declaração "Gravissimum Educationis"*. Vaticano, 1965. Disponível em: Disponível em: https://www.vatican.va. Acesso em: 11 maio 2021.

HOLLIDAY, Oscar Jara. *Não quero ser repetido... Quero ser reinventado*: desafios do pensamento de Paulo Freire para a atualidade. Cartas para Paulo Freire. Brasília, MEB, 2021. Disponível em: https://www.meb.org.br/livros. Acesso em: 21 dez. 2021.

ORTIZ, Juan Antonio Ojeda. *Luces para el caminho*: Pacto Educativo. Madrid, 2020. Disponível em: https://www.vaticannews.va. Acesso em: 21 dez. 2021.

PAPA FRANCISCO. *Carta Encíclica "Fratelli Tutti"*. Vaticano, 2020. Disponível em: https://www.vatican.va. Acesso em: 04 dez. 20121.

______. *Instrumentum Laboris*: Pacto Educativo Global. Vaticano, 2020. Disponível em: https://anec.org.br/acao/pacto-educativo-global/#documentacao. Acesso em: 21 dez. 2021.

______. *Discurso do Papa aos professores e estudantes das escolas italianas*. Vaticano, 2014. Disponível em: https://www.vatican.va. Acesso em: 04 dez. 2021.

______. *Educar ao humanismo solidário*. Vaticano, 2017. Disponível em: https://www.vatican.va. Acesso em: 04 dez. 2021

______. *Encontro com lideranças religiosas e cientistas*: fé e ciência rumo à COP 26. Disponível em: https://www.vaticannews.va. Acesso em: 04 dez. 2021.

______. Lançamento do livro *Rimas à surpresa*. Disponível em: https://www.vaticannews.va. Acesso em: 20 set. 2021.

______. *Simpósio da Federação Internacional das Universidades Católicas*. Disponível em https://unifacc.com.br. Acesso em: 17 out. 2021

______. *Viagem Apostólica do Papa Francisco aos Emirados Árabes Unidos*. Disponível em: https://www.vatican.va. Acesso em: 19 dez. 2021.

PAPA FRANCISCO; LÍDERES RELIGIOSOS E CIENTISTAS. *Carta à COP 26*. Disponível em: https://agenciabrasil.ebc.com.br. Acesso em: 18 dez. 2021.

SARAYAGO, Oscar Pérez (Org). *Cuidar da Casa Comum*: nossa contribuição ao Pacto Educativo Global. CIEC, 2020. Disponível em: https://ciec.edu.co. Acesso em: 21 dez. 2021.

WWF. *Txai Suruí, jovem indígena brasileira, acaba de discursar na abertura da COP 26*. Disponível em: https://www.wwf.org.br. Acesso em: 19 dez. 2021.

IX. Cultivar a espiritualidade: uma conversa com educadoras(es)

Afonso Murad

Cara amiga, caro amigo educador(a):

Quero partilhar com você algumas convicções sobre esse tema fascinante. No campo da espiritualidade, ninguém é professor(a). Jesus mesmo disse que somente ele é o Mestre e todos somos irmãs e irmãos (Mateus 23,8). Estamos no mesmo caminho. Alguns conhecem parte do mapa ou da trilha; outros estão mais à frente, mas isso não os faz melhores nem mais perfeitos. Na realidade, em diferentes graus, cada um(a) de nós é ao mesmo tempo aprendiz (discípula/o) e testemunha que estimula os outros (missionária/o) no belo caminho do seguimento de Jesus. Então, convido você a fazer um percurso comigo, para compreender o que é a espiritualidade cristã e como cultivá-la.

1. Espírito e espiritualidade

Para começar nossa conversa, vejamos o que se entende como "espiritualidade" no cristianismo católico ou evangélico. A palavra nos remete à palavra "espírito". Na língua dos judeus, o hebraico, se diz *ruah*, palavra feminina que significa literalmente "sopro" ou "vento". Espírito evoca, então, ar em movimento, brisa suave e refrescante, sopro vital que está presente na natureza e em todos os seres vivos. O Espírito de Deus está presente desde o início da criação, como que dançando sobre as águas primordiais (Gênesis 1,1). O sopro divino mantém vivo todos os seres e renova a face da Terra (Salmo 104,30), tanto os ciclos da natureza quanto os humanos. A força libertadora de Deus possibilita a saída da situação de escravidão do povo no Egito. Esse Espírito, força e energia divina, atua especialmente nos profetas, que interpretam a realidade, denunciam as injustiças e os desvios do Povo de Deus, anunciam boas notícias, recordam o amor fiel de Deus e recriam a esperança em tempos difíceis (Isaías 61,1-3).

Quando Jesus começou a sua missão, ele leu na sinagoga esse texto de Isaías e concluiu: "Hoje se cumpre essa profecia" (Lucas 4,17-21). Durante três anos Jesus cura, perdoa, acolhe, e ensina com autoridade, pela força do Espírito. Depois que ele morre e ressuscita, o Espírito Santo vem sobre a comunidade de homens e mulheres que o seguiam (Atos 1,14–2,3). O autor bíblico usa duas imagens para expressar essa atuação renovadora de Deus: "vento impetuoso" e "línguas de fogo". O poeta e cantor Zé Vicente expressa essa múltipla realidade do Espírito Santo em "Um hino ao Divino":

Presente tu estás desde o princípio nos dias da criação,
Divino Espírito!
És sopro criador que a terra fecundou e a vida
no universo despertou!
Presente tu estás desde o Egito, vencendo a opressão,
Divino Espírito!
És fogo e claridão, luz da libertação de um povo
em movimento de união!
Presente tu estás em Jesus Cristo na cruz, ressurreição,
Divino Espírito!
Boa-nova do perdão, carinho entre irmãos,
ardor na militância e na missão!
Presente tu estás desde o início nos primeiros cristãos,
Divino Espírito!
Firmeza e novidade, estrela da unidade,
Amor concreto, solidariedade!

Presente tu estás no sacrifício, na dor das multidões,
Divino Espírito!
Clamor e profecia, ternura e ousadia,
sabor de nosso pão de cada dia.

A espiritualidade cristã consiste em reconhecer a presença do Espírito Santo na Criação, em cada pessoa e nos acontecimentos bons na nossa história coletiva. Mais ainda, a espiritualidade implica acolher o Espírito de Deus em nós, alimentando assim a fé, a esperança e a caridade-solidariedade.

2. Por uma espiritualidade integral

Há muitas formas de realizar um caminho espiritual, o que significa deixar-se iluminar e transformar pelo Espírito de Deus. Nessa diversidade de compreensões e expressões da espiritualidade, aprendemos uns dos outros. Mas também existem certos desvios que podem ser corrigidos. Um deles consiste em entender a espiritualidade como uma negação de várias realidades humanas, que são consideradas indiferentes à fé ou até contrárias a ela, "pecado" ou negação de Deus. Por exemplo: a sexualidade feminina, a fruição, as visões científicas sobre a origem do mundo e o engajamento em movimentos sociais transformadores.

No Ocidente herdamos durante séculos a visão fragmentada do ser humano, influenciada por uma antropologia de raízes gregas. Dizia-se que somos corpo e alma, mas somente a alma importa. O corpo seria uma mera carcaça, lugar de tentação, que nos afastaria de Deus. Trata-se de um "espiritualismo" estranho à prática e ao ensinamento de Jesus. Ele nunca disse que o corpo não valia nada. Ao contrário. Quando ele via pessoas doentes, as curava. Alimentava as multidões famintas com a partilha do pão. Expulsava as forças negativas que atavam as pessoas, impedindo-as de florescer como humanos livres e felizes. A cura física estava ligada ao mental e ao espiritual. Por isso Jesus diz: "Eu vim para que todos tenham vida, e a tenham em abundância" (João 10,10).

Quando trazem para Jesus um homem paralítico, ele perdoa os seus pecados e suprime a imobilidade que o paralisava (Marcos 2,1-12). Jesus cura, perdoa, inclui na convivência, valoriza cada pessoa e os grupos marginalizados do seu tempo (Marcos 2,15-17), porque é movido pelo amor e pela misericórdia de Deus. Sente por dentro a dor das pessoas e dos grupos sociais. É a compaixão: "Ao desembarcar do lago, Jesus viu uma numerosa multidão e teve compaixão, porque eram como ovelhas sem pastor. Começou, pois, a ensinar-lhes muitas coisas" (Marcos 6,34). Como bem expressou o Papa Francisco, na bula *Misericordae Vultus*, que proclamou o "ano santo da misericórdia":

> Em todas as circunstâncias, o que movia Jesus era apenas a misericórdia, com a qual lia no coração dos seus interlocutores e dava resposta às necessidades mais autênticas que tinham (MV 8).
> Deixemo-nos surpreender por Deus. Ele nunca se cansa de escancarar a porta do seu coração, para repetir que nos ama e deseja partilhar conosco a sua vida (MV 25).

Há muitos anos eu me dedico à ecologia, colaborando na formação da consciência socioambiental nas igrejas, nas escolas e na sociedade. Certa vez, diante da mensagem que postei na internet, uma pessoa me respondeu: "Jesus não veio salvar as árvores, e sim as almas". Então, fiquei pensando que, na nossa atual existência de peregrinos na Terra rumo ao Céu, não há alma sem corpo. Se não há árvores, o ciclo das chuvas se interromperá, o solo se tornará árido, morrerão pássaros e outros animais, e também nós humanos seremos exterminados. Salvar as árvores e os biomas (como a mata atlântica, o cerrado e a Amazônia), que são seus berços de vida, contribui para garantir a continuidade da vida do ser humano, que é corpo e alma, matéria e espírito, pessoa e comunidade, indivíduo e espécie. Assim afirma o Concílio Vaticano II, no documento *Gaudium et Spes*, sobre a presença da Igreja no mundo:

> É a pessoa humana que deve ser salva. É a sociedade humana que deve ser renovada [...], portanto, o homem considerado em sua unidade e totalidade, corpo e alma, coração e consciência, inteligência e vontade (GS 3). Corpo e alma, mas realmente uno, o ser humano, por sua própria condição corporal, sintetiza em si os elementos do mundo material, que nele assim atinge sua plenitude e apresenta livremente ao Criador uma voz de louvor. Não é lícito desprezar a vida corporal, mas, ao contrário, ele deve estimar e honrar o seu corpo, porque criado por Deus e destinado à ressurreição no último dia. [...] E a própria dignidade do ser humano pede que ele glorifique a Deus, em seu corpo, não lhe permitindo servir a más inclinações do coração (GS 14).

3. Espiritualidade integradora e missão educativa

A espiritualidade cristã, vivida com equilíbrio e maturidade, leva a desenvolver nosso lado luminoso em que Deus habita. Integra nossas tendências, prioriza os desejos, permite reconhecer nossos desvios e enganos e retomar o caminho. Enfim, nos faz melhores, felizes em profundidade, sintonizados com as alegrias e as dores dos outros e outras, em uma empatia traduzida em gestos.

Nós, educadoras e educadores, devido a nossa profissão, temos oportunidades ímpares para desenvolver uma espiritualidade integradora e integrada. Quem se dedica a educar, acredita que o conhecimento humano e suas múltiplas linguagens é potencialmente bom, se mantém a sua dimensão ética. Nossas práticas pedagógicas não se limitam a difundir informações, mas também estimulam as novas gerações a se apropriar e a reelaborar os diferentes saberes. Defendemos a educação integral, que inclui valores e habilidades múltiplas. Na nossa relação com os alunos percebemos muitas vezes a beleza e a fragilidade humanas. Podemos nos surpreender e nos decepcionar. E, ao mesmo tempo que somos exigentes com os estudantes, exercitamos a compaixão e a paciência. Nossos fundadores e fundadoras diziam e praticavam que a educação é um gesto amoroso. Colaboramos assim com Jesus e a causa do Reino de Deus.

Uma pessoa com olhar espiritualizado reconhece os tênues sinais de Deus na realidade humana. E isso enche seu coração de gratidão e louvor. Vejamos um exemplo concreto. A coordenadora da Educação Infantil de uma Escola Católica, que chamo aqui de Janice, acreditava no protagonismo das crianças. Trabalhava com as professoras para que isso se tornasse efetivo na convivência e nos processos de ensino-aprendizagem. Certa vez, quando as crianças voltaram do recesso escolar, um aluno de quatro anos irrompeu em um choro desmedido. A professora tentou tranquilizá-lo, em vão. Janice veio também e até o tomou no colo. Mas o choro continuava. Então, uma coleguinha de sua idade aproximou-se dele, tocou no seu rosto, olhou nos seus olhos e disse baixinho: "Não chora não! Vamos brincar?". O choro cessou e os dois saíram para brincar. Tocada pelo gesto da menina, Janice voltou-se para a professora e lhe disse: "Graças a Deus! Aqui está o protagonismo das crianças!". Mais tarde, comentou com as colegas: "Hoje presenciei um sinal de Deus no meio de nós!". À noite, no silêncio do seu quarto, agradeceu a Jesus, pois ele lhe mostrou, naquela menina, que sua esperança era verdadeira.

4. Cultivar a espiritualidade

O cultivo da espiritualidade, com diferentes nomes e esquemas de compreensão, perpassa diferentes religiões. Assume nomes e caminhos próprios em distintas tradições religiosas. Quem transita no espaço inter-religioso reconhece que, malgrado tantas diferenças, há elementos semelhantes ou comuns. Por exemplo: a experiência de comunhão com o sagrado reduz a ansiedade e a dispersão, produz paz interior, ativa valores humanizadores, desenvolve a compaixão pelos outros, ilumina a mente para escolhas mais conscientes, aguça a sensibilidade e o cuidado pela natureza e suscita gratidão. Em sentido amplo, denominamos então a espiritualidade como o cultivo da relação com o Divino, que dá consolo, esperança e sentido para a existência. É a própria vivência da fé que motiva atitudes e ações e alimenta convicções.

O verbo "cultivar" expressa com clareza que se trata de um processo para toda a vida. Como quem cuida de um jardim ou do quintal, em tempos diferentes vai semear, transplantar as mudas, regar, retirar as ervas invasoras, espantar os insetos, alegrar-se com a beleza das flores, deixar-se inebriar pelas suas cores e odores, nutrir-se dos frutos e replantar quando necessário. Aqui reside o encanto e a debilidade do ser humano, quando esse decide fazer um caminho de evolução espiritual. O início é fascinante, mobiliza bons sentimentos e aguça percepções consoladoras. Mas pessoas superficiais não conseguem passar dessa primeira etapa, pois advêm as dificuldades, a tentação de voltar ao que se era antes. Exige-se disciplina e constância.

A seguir vem uma longa etapa de manter-se no caminho de iluminação. A evolução parece imperceptível, pois ela atua em nível mais profundo, como que expandindo as raízes. O risco reside em se acostumar com a rotina e se contentar com o já alcançado. Lentamente o encanto submerge e a prática espiritual pode se tornar um hábito sem sabor. Então, é momento de resgatar o "amor primeiro". Como se diz em Apocalipse 2,3: "Repare onde você caiu, converta-se e retome o caminho".

A recepção à Palavra viva de Deus, à sua presença atuante semeada em cada um(a), se assemelha aos diferentes tipos e lugares de solo, como se apresenta em Marcos 4,2-8:

> Jesus ensinava-lhes muitas coisas com parábolas. No seu ensinamento dizia para eles: "Escutem. Um homem saiu para semear. Enquanto semeava, uma parte caiu à beira do caminho; os passarinhos foram e comeram tudo. Outra parte caiu em terreno pedregoso, onde não havia muita terra; brotou logo, porque a terra não era profunda. Porém, quando saiu o sol, os brotos se queimaram e secaram, porque não tinham raiz. Outra parte caiu no meio dos espinhos. Os espinhos cresceram, a sufocaram, e ela não deu fruto. Outra parte caiu em terra boa e deu fruto, brotando e crescendo: rendeu trinta, sessenta e até cem por um". E Jesus dizia: "Quem tem ouvidos para ouvir, ouça!".

Podemos compreender essa parábola referente também aos nossos momentos existenciais, com seus percursos, desvios, descaminhos e retomadas. Em algum momento (ou em vários deles) recebemos uma comunicação de Deus, um apelo a sermos melhores, generosas(os), lúcidas(os), iluminadas(os), não fragmentadas(os), inteiras(os), voltadas(os) para o transcendente. Mas, se não estamos atentos nem com o coração aberto, a semente murcha ou desaparece. O Mal, dentro e fora de nós, arrebata e destrói os bons propósitos, como sementes consumidas antes de germinar. O terreno pedregoso diz respeito aos tempos e momentos em que acolhemos o Espírito Santo em nós, mas isso não dura muito. O descentramento, as múltiplas coisas que nos distraem, a inconstância e a falta de raízes não permitem um crescimento espiritual duradouro.

As sementes lançadas entre espinhos, segundo a própria interpretação de Jesus na parábola, significam "as preocupações do mundo, a ilusão da riqueza e todos os outros desejos, que sufocam a Palavra, e ela fica sem dar fruto" (Marcos 4,19). Por fim, a terra úmida e fértil significa acolher as sementes de Deus, deixá-las crescer com o tempo, florescer e dar frutos em abundância.

A espiritualidade cristã se expressa em várias formas de seguir a Jesus hoje. Nossa referência é o Evangelho, a Boa-Nova de Cristo. Enquanto experiência comunitária e institucional, a espiritualidade é vivida e difundida por diferentes institutos religiosos, pastorais e movimentos. Cada um(a) destaca aspectos singulares do Evangelho, em vista da missão. Se você atua em escola confessional católica, deve ter percebido que a espiritualidade cristã tem ali um rosto próprio. Herdada da fundadora ou fundador, ela é continuada e atualizada pelos membros do instituto religioso de Irmãs, Irmãos ou Padres. Trata-se de um jeito específico de viver o seguimento de Jesus, conforme o seu carisma. Entende-se aqui por "carisma" as características da espiritualidade e da missão de um grupo religioso, que constitui um serviço singular à Igreja e à sociedade.

Vários institutos religiosos receberam de suas fundadoras e fundadores o carisma da educação das crianças e jovens. Provavelmente, você faz parte de um deles. Ao carisma se associam algumas atitudes de vida, que são próprias de cada instituto. Por exemplo: a simplicidade, a alegria, a presença, o amor como fundamento da educação. É comum encontrar também no carisma dos institutos de Vida Religiosa Consagrada a opção preferencial pelos pobres. A educação visa formar crianças e jovens em muitas dimensões; almeja ser integral. Inclui necessariamente a formação da cidadania. Ora, tudo isso favorece o desenvolvimento de uma espiritualidade encarnada e inserida nas realidades humanas.

5. Espiritualidade e caminhos intransitáveis

A espiritualidade, se compreendida e cultivada de forma integral, abarca ao mesmo tempo várias dimensões da nossa existência. Ela consiste em deixar iluminar a vida pessoal e coletiva pela fé em Jesus Cristo. Por isso, impacta em vários âmbitos, como as relações pessoais e familiares, a corporeidade e a sexualidade, as questões de gênero e etnia, a prática profissional, a participação na Igreja, o lazer e o entretenimento, a cidadania, o cuidado com o meio ambiente, as opções de consumo, o estilo de vida, e até as escolhas políticas. É compreensível que isso não aconteça na mesma intensidade em todos esses âmbitos. Uma pessoa pode viver a sua fé em Jesus privilegiando o compromisso social de transformação da realidade social. Outra se concentrará em exercer a missão de educadora junto aos estudantes, com todas as suas forças. E outra viverá com mais intensidade o amor para com seus familiares.

O desvio, que chamamos "espiritualismo escapista", consiste em cultivar a espiritualidade somente no âmbito religioso, como se esse abarcasse por si só todas as outras dimensões da existência humana. Então, a pessoa "escapa" de seus compromissos e opções humanas, em nome da religião. Refugia-se no campo religioso de uma Igreja ou tradição religiosa. Multiplica as devoções e práticas de religiosidade o máximo possível, para se autojustificar como "justa" e "santa". Incorre-se no engano de considerar a soma de práticas religiosas como o sinal inegável de evolução espiritual. No entanto, há pessoas devotas, piedosas e aferradas a práticas religiosas que apresentam uma vida espiritual medíocre, ou a vivem com pouca lucidez, devido a esquemas mentais antiquados, anacrônicos. Confunde-se "convicção religiosa" com "intolerância". Então, engrossam o contingente daqueles que rejeitam e perseguem quem tem outra religião, orientação sexual, cultura e estilo de vida.

É bom recordar que os principais inimigos de Jesus foram pessoas religiosas e fiéis seguidoras da religião estabelecida. Dentre elas destacavam-se: os intérpretes dos preceitos religiosos (doutores da Lei, escribas), o grupo que defendia a prática estrita da Lei religiosa (fariseus), sobretudo na Galileia (Mateus 23,1-5). E, em Jerusalém, os saduceus e os membros da elite religiosa e política: os anciãos, os chefes dos sacerdotes e o sinédrio. Foram esses que condenaram Jesus e o enviaram, atado, para a autoridade romana, a fim de matá-lo (Marcos 14,53; 15,1). Nos dias de hoje é lamentável como determinados grupos cristãos, de diferentes igrejas, se aliam a grupos políticos e econômicos que destroem nossos biomas, perseguem os povos indígenas, promovem a discriminação racial, reduzem as políticas afirmativas dos afrodescendentes, sustentam uma economia que aumenta a concentração de renda. Em nome da religião, negam as conquistas da ciência. Contrariamente ao preceito de Jesus, de "amar uns aos outros", vivem um individualismo que corrói os laços humanos. O que dizer de um cristão que, em um contexto de grave pandemia, não se vacina e ainda espalha mentiras sobre a vacinação? Onde está seu compromisso com a caridade, o empenho pela vida dos outros, como anunciou e fez o nosso Mestre e Senhor?

6. Espiritualidade e as prática comuns de oração

A espiritualidade cristã é o cultivo cotidiano da intimidade com Jesus, que nos purifica, ilumina a mente, integra as pulsões e sentimentos, apela a sermos melhores (conversão), dá paz interior e convoca para transformar este mundo. De um lado, a espiritualidade é transversal, pois atravessa várias dimensões da nossa existência. De outro, para que essa se desenvolva conscientemente, é necessário criar o espaço da interioridade, no qual se estabelece esse diálogo com Deus, pelo Espírito Santo que fala em nós e para nós.

Os católicos normalmente associam a oração a pelo menos três coisas: a súplica, a oração vocal e a missa. Cada uma delas tem seu valor no trajeto da espiritualidade.

a) *Súplica:* consiste em pedir a Deus, a Maria ou aos demais santos algo de que necessita para si ou para outros, como a cura de doença, a vitória em uma situação existencial difícil, a superação de crise financeira etc. Quando consegue, a pessoa agradece "por uma graça alcançada". Na Bíblia, a oração de súplica aparece em Cânticos e sobretudo nos Salmos, quando se passa uma situação de escravidão, perda de autonomia e perseguição por ser justo (Salmos 10; 11; 12). Na oração de súplica transparece a fé, a extrema confiança em Deus. E, por vezes, a entrega (Salmo 40). Você implora a Deus o que necessita, mas está aberta(o) para que a vontade dele se realize, mesmo que não compreenda os motivos nem a maneira como isso acontecerá. O risco de se limitar à oração de súplica consiste em estabelecer uma relação interesseira, comercial, com o sagrado. De outro lado, é necessário manter a gratidão a Deus, que ouve nossos pedidos e nos concede não somente graças, favores, mas a Graça, que é a presença da Trindade em nós.

b) *Recitação de orações vocais:* trata-se daquelas orações que recebemos de nossos antepassados, aprendemos a rezar quando crianças, como a Ave-Maria, o Pai-Nosso e o Credo. A mais conhecida oração devocional católica, que reúne várias fórmulas de oração, é o terço de 50 Ave-Marias. Oração vocal por excelência, é recitada individualmente ou em grupos, ao mesmo tempo em que se meditam os mistérios da vida de Jesus e de Maria (gozosos, luminosos, dolorosos e gloriosos). Há também ladainhas, o ofício da Imaculada e tantas outras orações vocais. Como o nome diz, a oração vocal consiste em repetir frases orantes, enquanto a mente se eleva a Deus. O risco de se limitar às orações vocais consiste em se apegar às fórmulas e não dar conta de rezar a Deus com suas palavras, de forma espontânea.

c) *A missa:* a celebração eucarística é considerada o ponto máximo da Igreja que celebra a vida, a morte e a ressurreição de Cristo. Ela consta de duas partes: a liturgia da Palavra, na qual se proclamam e se meditam textos da Bíblia, e a liturgia eucarística, que recorda e atualiza a entrega de Jesus à humanidade na última ceia. O problema crescente para os cristãos reside na falta de motivação para participar das celebrações, como também na inadequação da pregação do celebrante. O formalismo religioso impede que as pessoas se sintam envolvidas e participem da missa "de corpo e alma".

Há outras expressões orantes que se desenvolveram nos últimos tempos. Cito aqui os cantos de louvor e ação de graças e as orações espontâneas. Algumas pessoas oram escutando músicas religiosas em casa ou a caminho do trabalho. Sugiro que você aprenda e cante refrãos e canções. Uma dica: cantos da comunidade ecumênica de Taizé.

7. A leitura orante da Bíblia

Católicos e evangélicos estão redescobrindo uma importante forma de orar, que pode nos conduzir a uma evolução espiritual. Trata-se da oração contemplativa, da leitura orante da Bíblia. A originalidade dessa oração é que ela tem poucas palavras, estimula o silêncio interior e é uma forma cristã de meditação que favorece a concentração da mente e a elevação do espírito. Vou apresentar aqui os passos básicos dessa oração, como eu e outras pessoas fazemos. Você encontrará na internet mais dicas e sugestões.

a) *A preparação:* procure aquietar a mente. Esta etapa é a mais difícil para pessoas que, como eu, têm a mente povoada por muitos pensamentos, presentes e futuros. Você precisa encontrar um bom lugar (pode ser uma capela, seu quarto, um cantinho da casa com menos barulho) e o momento mais adequado. Deixe o celular longe. Respire profundamente várias vezes, trazendo a sua mente para *o aqui e agora*. Se você se distrair, volte novamente. Então, invoque o Espírito Santo, Deus em nós, para que ele o conduza na oração.

b) *A leitura da Bíblia:* Tome um texto bíblico. Sugiro começar com o Evangelho de Lucas, ou, então, com a leitura da "Liturgia Diária", que está disponível na internet ou em livretos nas livrarias religiosas. É melhor orar com textos que narram fatos e experiências.

c) *A leitura contemplativa:* Volte ao texto novamente, exercitando sua imaginação criativa. Imagine o local onde se passa o fato, as pessoas, suas roupas, a expressão do rosto, as palavras e gestos de Jesus e de seus interlocutores. Detenha-se em uma palavra ou gesto que mais tocou você. Se houver distração (e é normal), volte novamente. Não é necessário encadear reflexões. Basta deixar o texto bíblico "passear em você".

d) *A prece:* Vá terminando a oração, dirigindo a Jesus uma prece de súplica, de ação de graças, de pedido de perdão, conforme a ocasião. Repita a mesma prece, algumas vezes, deixando ecoar em você. Se perceber um apelo de Deus, reze para que sua resposta seja positiva e se concretize em gestos e atitudes.

e) *A recordação:* algumas pessoas gostam de escrever a(s) frase(s) que marcou(aram) sua oração. Assim, no fim do dia (ou no dia seguinte), deixam-na circular na mente e no coração por alguns minutos. Como vivemos em um tempo de pouca memória e muita informação que nos dispersa, esse procedimento é útil para que a semente da Palavra viva de Deus penetre no solo da existência.

A leitura orante pode ser feita individualmente, a dois ou em grupos. Por vezes, cantam-se refrãos relacionados com o texto meditado ou outras músicas que nos mantêm em sintonia com Deus. Comece com 15 minutos, uma vez por semana. Depois, aumente a periodicidade e o tempo, conforme for possível.

8. O perdão

Muitas vezes nos desviamos do caminho de Deus ou mergulhamos na mediocridade e na indiferença. Por isso, a oração comporta também um apelo de conversão, de correção de rota, de dar um salto qualitativo para "ser mais de Deus". Assim, pedimos perdão e suplicamos que ele nos dê a graça de amar e seguir a Jesus, como suas/seus discípulas(os). Também é importante exercitar o pedido de perdão, quando reconhecemos que erramos, fomos relapsos ou indiferentes no trato com os outros(as). E também perdoar. Não se trata de algo mágico. Por vezes, requer tempo e decisão interior. O perdão é um exercício de humildade e de libertar-se das amarras do passado.

Certa vez eu estava ministrando um minicurso de formação religiosa para professores e professoras. Então, discorri sobre o perdão. Uma professora, que aqui chamo de Luíza, também era coordenadora de pastoral da escola. Ela se levantou e, visivelmente emocionada, disse: "Eu não consigo perdoar. É pedir demais para mim. Quando eu era criança, meu pai chegava bêbado em casa, batia na minha mãe e nos ameaçava com faca ou facão. Ele já morreu, graças a Deus! Mas eu acho que não vou perdoá-lo nunca. Ele fez muito mal para a gente". Seguiu-se um longo silêncio.

No intervalo, Luíza me procurou, dizendo que queria perdoar o pai, mas precisava de ajuda, pois a dor e o ódio eram imensos. Então, sugeri que ela fizesse um processo terapêutico, que eu conhecia. Um ano depois, Luíza estava de volta para outro módulo do curso. Então me disse, com um sorriso entreaberto, que a terapia havia sido muito boa para ela. O perdão estava chegando, de mansinho, lentamente. Ela descobriu que o pai, quando criança, também tinha sofrido violência. Agora era hora de romper essa corrente do mal e não repetir os padrões.

9. Alguns traços de nossa espiritualidade

Como você percebeu, a espiritualidade da educadora ou do educador não se limita à sua relação com os alunos, na sala de aula. Ela abrange toda a existência, com suas múltiplas dimensões. Mas, convém ressaltar, a convivência com crianças, adolescentes e jovens, e a relação de ensino-aprendizagem que estabelecemos com elas e eles, configuram em nós algumas características próprias. Eu as resumiria assim:

- Somos gratas(os) a Deus, que nos dá a missão de ser referência para as novas gerações, com nossas palavras e gestos. O brilho no olhar, um pequeno gesto de atenção, a palavra de estímulo e outras posturas fazem diferença na vida delas. E repercute positivamente em nós, no presente e na eternidade: "Os mestres sábios, aqueles que ensinaram muitas pessoas a fazer o que é certo, brilharão como as estrelas do céu, com um brilho que nunca se apagará" (Daniel 12,3).
- Testemunhamos, na prática, que o conhecimento e os saberes são dons de Deus e conquistas da humanidade. Ajudamos a esclarecer as mentes, a enfrentar o obscurantismo intelectual, as concepções anacrônicas do ser humano e do mundo.
- Exercitamos nossa tarefa docente com profissionalismo, procurando aprimorar os processos de ensino-aprendizagem, de forma a torná-los significativos para os estudantes. Trata-se de uma missão exigente, que realizamos também de forma amorosa, como uma expressão de cuidado com as pessoas.
- Não aceitamos uma espiritualidade escapista nem o moralismo dominador, que rotulam e marginalizam pessoas e grupos devido à sua etnia, cultura, gênero ou classe social. O fato de atuarmos em instituição educativa e religiosa nos permite cultivar uma espiritualidade integradora, encarnada, que valoriza o melhor do ser humano e lhe abre à transcendência, respeitando a diversidade.
- Quando estamos diante dos estudantes, experimentamos o mistério do ser humano, que não é redutível a conceitos, categorias ou tipificações. Tanto o aluno(a) excelente quanto o regular e o problemático são pessoas humanas em formação, na qual se misturam luzes e sombras que recebem do passado e do presente. Por vezes, é necessário rezar por alguns estudantes em particular, para que a graça de Deus toque sua vida e a transforme. Ao mesmo tempo, com humildade e generosidade, fazemos nossa parte para que eles sejam melhores.

10. Conclusão aberta

Na vida cristã, as três virtudes teologais formam uma unidade: a fé (confiança e entrega nas mãos de Deus), a esperança e a caridade-solidariedade. A espiritualidade não nos tira do mundo. Evita, sim, que sejamos mundanos, consumistas, medíocres e egoicos. À medida que avançamos na espiritualidade, Jesus nos faz mais atentos às alegrias e dores humanas, aumenta a generosidade e nos faz mais amorosos e "cuidantes" de nós mesmos, das pessoas, da sociedade e da criação. Assim, vamos somando com homens e mulheres do mundo todo, em vista de uma nova humanidade.

Pessoas espiritualizadas têm seu lado de sombras e trevas. Por isso, como alerta Jesus, é preciso "vigiar e orar" (Mateus 26,41). Nossa "carnalidade" é bela e frágil. E, quanto mais avançamos no caminho espiritual, mais humanos, sábios e amorosos nos tornamos, em meio à fragilidade que nos constitui. O caminho espiritual é ao mesmo tempo pessoal e coletivo, individual e eclesial. Somos o Povo de Deus a caminho. Uns para os outros, somos simultaneamente aprendizes, peregrinos, testemunhas, guias e missionários.

Para encerrar por hora a nossa conversa, quero cantar com você, de forma esperançada, a música "Monte Castelo", que nos faz lembrar o discurso do apóstolo Paulo sobre o amor em 1 Coríntios 13, mesclado com um poema clássico de Camões.

Ainda que eu falasse a língua dos homens
E falasse a língua dos anjos, sem amor eu nada seria
É só o amor, é só o amor
Que conhece o que é verdade
O amor é bom, não quer o mal
Não sente inveja ou se envaidece
O amor é o fogo que arde sem se ver

É ferida que dói e não se sente
É um contentamento descontente
É dor que desatina sem doer
Ainda que eu falasse a língua dos homens
E falasse a língua dos anjos, sem amor eu nada seria
É um não querer mais que benquerer
É solitário andar por entre a gente
É um não contentar-se de contente
É cuidar que se ganha em se perder
É um estar-se preso por vontade
É servir a quem vence, o vencedor
É um ter a quem nos mata a lealdade
Tão contrário a si é o mesmo amor
Estou acordado e todos dormem
Todos dormem, todos dormem
Agora vejo em parte
Mas então veremos face a face
É só o amor, é só o amor
Que conhece o que é verdade
Ainda que eu falasse a língua dos homens
E falasse a língua dos anjos, sem amor eu nada seria.

Referências

BÍBLIA PASTORAL. São Paulo: Paulus, 2014.

CONCÍLIO VATICANO II. *Constituição Pastoral "Gaudium et Spes"*. Petrópolis: Vozes, 1968.

FRANCISCO, Papa. *Bula "Misericordiae Vultus"*: sobre o ano santo especial da misericórdia. São Paulo: Paulinas, 2015.

FREI BETTO; BOFF, L. *Mística e espiritualidade*. Petrópolis: Vozes, 2010.

MAÇANEIRO, M; MURAD, A. *A espiritualidade como caminho e mistério*. São Paulo: Loyola, 1999.

MESTERS, C. *Leitura orante da Bíblia*. São Paulo: Paulinas, 2005. Disponível em: https://contribuicoes.blogspot.com/2010/08/frei-carlos-mesters.html. Acesso em: 31 jan. 2022.

MESTERS, C. *Leitura orante da Palavra de Deus*. Disponível em: https://comboni2000.org/2020/02/01/mesters-leitura-orante-da-palavra-de-deus/. Acesso em: 31 jan. 2022.

MURAD, A. *Gestão e espiritualidade*. São Paulo: Paulinas, 2018. Capítulos 5 e 6.

RUSSO, R. *Monte Castelo*. Disponível em: https://www.youtube.com/watch?v=NQ-K8QSStOo. Acesso em: 31 jan. 2022.

Zé VICENTE. *Um hino ao Divino*. Disponível em: https://www.youtube.com/watch?v=B8xhmQ2yg0Q. Acesso em: 31 jan. 2022.

Epílogo

As reflexões deste livro intitulado *Pensar o presente e o futuro da educação* são exemplares de como a convocação do Papa Francisco, em favor do Pacto Educativo Global, desencadeou o exercício de pensar a realidade da educação na multiplicidade de seus aspectos. Obviamente, não houve entre os autores o ingênuo interesse de esgotar a reflexão. Antes, o conteúdo das páginas anteriores apontou para a rica complexidade da tarefa educativa.

A intuição que subjaz ao projeto do Pacto Educativo Global nasceu do coração do Papa Francisco, qual zeloso pastor e experiente educador. A fragilidade das relações entre família, escola e sociedade observadas desde o seu ministério como arcebispo de Buenos Aires, foi o alerta para o que inicialmente foi chamado de "quebra do pacto educativo". Posteriormente, como bispo de Roma, ciente da especial contribuição da Igreja para o mundo da educação, o Papa propôs aos líderes do mundo, a todas as nações e, em especial, à Igreja a tarefa de reconstruir esse pacto.

Com a finalidade de reconstruir o que fora quebrado, recupera-se a percepção da centralidade da pessoa humana nos processos educativos, em sintonia com a proposição da cultura do encontro e, por conseguinte, com a proposta do humanismo solidário e educação para a alteridade. Sabe-se que toda e qualquer pedagogia se assenta sobre uma visão antropológica. A visão cristã do ser humano aponta a integralidade de suas dimensões e sua vocação como ser aberto à transcendência e ordenado à fraternidade. Com esta perspectiva, a educação não nega a dimensão espiritual da existência. Ao contrário, abre caminhos para a descoberta do cultivo de uma interioridade a qual é sede tanto da ética quanto da estética: bondade, verdade e beleza. A Igreja colabora para a educação a partir desses pressupostos antropológicos e, por sua longa tradição de educar, sente-se à vontade para contribuir tanto na convocação quanto na operacionalização de um pacto que se quer global em favor da educação.

Na esteira das contribuições já apresentadas nos artigos desta obra, é útil trazer para a conversação algumas pontuações que poderão enriquecer o debate. A primeira delas quer insistir mais uma vez sobre a necessidade de cuidar da educação como processo que valorize a cultura do encontro. Isso somente é possível quando se trabalha a sensibilidade para com o outro, com permanente valorização da alteridade. Desde o âmbito familiar, passando pela escola de formação básica, até os trabalhos mais elaborados das instituições universitárias, urge provocar um olhar capaz de estabelecer empatias, especialmente, com as pessoas mais vulneráveis. Educar para a sensibilidade com os outros, estejam próximos ou não. Como família, escola e universidade, a título de exemplo, conversam sobre refugiados? Quem são os mais pobres e por quais razões estão na pobreza? Que ações poderão promover essas pessoas em sua dignidade? Outras perguntas como estas poderão desencadear novas percepções e atitudes em favor da civilização do amor, como expressão do encontro e da fraternidade.

Quando a educação formal está alicerçada sobre o valor da solidariedade humana, um dos importantes exercícios é despertar o compromisso das famílias cujos membros estão envolvidos de alguma forma nos processos pedagógicos. As instituições de ensino recebem estudantes oriundos de famílias que foram muito cuidadosas na apresentação dos valores humanos e das virtudes para seus filhos. Estes farão diferença e poderão despertar outros para atitudes nobres e edificantes. No entanto, há famílias, por razões tão diversas, em contexto de ausência de alguns valores importantes. Para estas famílias, inverte-se a relação. Acredita-se que seus filhos poderão, a partir de uma qualificada experiência escolar, levar para casa a vivência de novos valores. Reconhecendo a prioridade dos pais no cuidado com a educação de seus filhos, não se pode negar que um novo ambiente de vivência, tal qual a escola ou a universidade, como em uma via de mão dupla, provoca interação. Isto é, ambos podem oferecer, um ao outro, valores e virtudes. Uma percepção mais apurada da realidade social pode provocar uma nova convocação da família em favor de uma inserção mais crítica no debate e no agir sociais. É útil formular a pergunta: como as instituições de ensino constroem mecanismos de diálogo com as famílias e com a sociedade?

Uma tarefa sempre mais desafiadora nas últimas décadas é o despertar de vocações para o magistério. O número dos que optam pela docência decresce de modo significativo. As licenciaturas são cada vez menos procuradas. Os professores são identificados com uma profissão de menor prestígio, pouco valorizada e muito mal remunerada. Os incentivos são quase inexistentes para quem escolhe a profissão outrora louvada e cantada em versos. Essa questão não se reduz ao processo de formação do docente, mas, antes ainda, de recuperação da imagem do docente, como ator de fundamental papel na formação acadêmica. A necessidade de políticas públicas que incentivem a escolha pelo magistério e de projetos de qualificação profissional dos educadores é urgente para o resgate do lugar dos professores e professoras no processo educativo. Tal revalorização há de ser feita no horizonte do Pacto Educativo, isto é, família, escola e sociedade encontrarão modos de valorizar adequadamente os docentes.

Nesse sentido, é preciso capacitar os educadores segundo os princípios norteadores do Pacto Educativo Global. Estar imbuídos daqueles princípios é condição para que o Pacto envolva um número sempre maior de famílias, unidades de ensino e a sociedade. O Pacto supõe um espírito de campanha, isto é, um exercício conjunto, com objetivos claros, desenvolvido por grupos que almejam envolver um número cada vez maior de pessoas e instituições, neste caso, em favor da educação. E isso não se faz sem a paixão por educar. Mover as pessoas na direção de um zelo pela educação, que forme pessoas humanistas e solidárias, requer disposição como a de missionários, isto é, de pessoas que apostam na educação como o mais precioso investimento em favor de uma sociedade que valorize a dignidade humana, a promoção do bem comum, a permanente solidariedade, a defesa da Casa Comum e a construção da sociedade justa e fraterna.

Para a eficácia dessas pontuações, a prática constante do diálogo é fundamental. Não pode haver situações em que cesse o recurso ao diálogo. Ele deve ser constante, permanente, sem reservas, para possibilitar a emergência de soluções aos desafios que aparecem ao longo do caminho e dos tempos. O diálogo é a dinâmica que mais favorece a inclusão, a participação e o encontro de soluções. Quando se refuta o diálogo, todos saem perdendo. É preciso valorizar todos os recursos pedagógicos para o exercício dialogal. Quando se trata de planejamento pedagógico, é muito importante incluir uma pergunta estratégica: de que modo o diálogo será favorecido no desenrolar das atividades escolares? As rodas de conversa podem qualificar seus participantes para atuar em outras instâncias e grupos com a mesma dinâmica de valorização do diálogo.

Pensar a educação pede o passo ousado de tomar contato com as instituições de ensino. Infelizmente as escolas são pouco frequentadas pela comunidade. Muitas acabam por tornar-se espaço onde somente circulam os educadores, os estudantes e alguns familiares. A aproximação da escola e da universidade com a comunidade local é um antídoto contra o isolamento a que muitas instituições de ensino acabaram por cair. Não basta saber que em tal lugar ou endereço funciona uma escola. É preciso muito mais do que isso. É urgente que a comunidade e os outros atores sociais desenvolvam um sentido de pertença a ponto de conseguirem dizer "a nossa escola", "a nossa universidade". Não no sentido de posse, mas na consciência de que somos os membros "da aldeia que educa" e cuidamos da escola para que ela esteja sempre em condições de abrigar educadores e educandos, para que ela seja o espaço das preciosas interações educativas. Dessa proximidade da escola com as famílias e comunidades podem advir projetos cuja repercussão social evidenciará positivamente os frutos de uma aproximação inteligente entre família, escola e sociedade.

É próprio de todo educador ser um sonhador. É o traço da esperança que atravessa o coração e a mente de quem se propõe à tarefa educativa. E o Pacto Educativo Global é uma fecunda oportunidade de recuperar sonhos e de despertar todas as pessoas jovens e adultas para a percepção de que, em alguma instância de relação com o outro, somos todos educadores. As ações humanas, queira ou não, são bons ou maus exemplos para as crianças que estão ávidas por aprender. Portanto, é responsabilidade de cada cidadão perceber-se educador e primar pelos valores e pelas virtudes que edificam um mundo novo. É fundamental deixar-se interpelar pela proposição do Papa Francisco e conscientizar-se da urgência de atuar em favor de uma educação que supere as fragmentações, que reconstrua o tecido social e promova a integração dos povos, a valorização das culturas e a defesa da vida e da Casa Comum. A hora é oportuna.

† Dom João Justino de Medeiros Silva
Arcebispo Metropolitano de Goiânia
Presidente da Comissão Episcopal Pastoral
para a Cultura e Educação da CNBB

Os autores

Dom Leomar Antônio Brustolin: natural de Caxias do Sul/RS. Licenciado em Filosofia, Teologia. Mestre em Teologia Sistemática pela Faculdade Jesuíta de Belo Horizonte/MG. Doutor em Teologia Sistemática pela Pontifícia Santo Tomás – *Angelicum*, em Roma. Atualmente, é Arcebispo Metropolitano de Santa Maria e Referencial da Educação e Cultura da CNBB SUL 3.

Dom João Justino de Medeiros Silva: natural de Juiz de Fora/MG. Formado em Filosofia e Teologia. Estudou Ciências Sociais. Doutor e mestre em Teologia pela Universidade Gregoriana de Roma. Presidente da Comissão Episcopal Pastoral para a Cultura e Educação da CNBB. Atualmente é Arcebispo Metropolitano de Goiás.

Afonso Murad: natural de Colatina/ES. Irmão Marista. Articula seu pensamento a partir de várias áreas do saber. Pedagogo e doutor em Teologia pela Universidade Gregoriana de Roma. MBA em Gestão e Tecnologias Ambientais no PECE-USP. Pesquisador e professor da Faculdade Jesuíta em Belo Horizonte/MG. Escritor e ambientalista.

Cláudia Chesini: natural de Farroupilha/RS. Religiosa da Congregação das Irmãs de Santa Catarina, província de Novo Hamburgo/RS. Mestra em Engenharia da Produção. Especialista em Metodologia do Ensino, em Gestão das Escolas Católicas, em Direito Canônico e Magistério da Igreja, com aperfeiçoamento em *Coaching* Educacional. Graduada em Pedagogia. Atua junto ao Conselho Municipal de Educação e Fórum Nacional de Educação, ao Programa das Escolas Associadas UNESCO PEA, ao SINEPE-RS e ANEC-RS, à Pastoral da Educação Diocesana, à Confederação Interamericana de Educação Católica CIEC, à Coordenação Nacional de Serviço de Animação Pastoral – ANEC e ao Relacionamento Institucional – ANEC. Gestora de escolas católicas por diversos anos.

Daniela Pedra Mattos: natural de Piratini/RS. Graduada em Letras pela Universidade Católica de Pelotas/RS. Mestra em Educação pela Universidade Federal de Pelotas/RS. Professora da Educação Básica. Poetiza e escritora. Autora de diversos artigos publicados em universidades nacionais e internacionais. Atua como professora convidada em faculdades gaúchas e atualmente é especialista em Educação pela SM Educação.

Douglas Eliesler Justen: natural de Cândido Godoi/RS. Psicólogo clínico. Professor do Colégio La Salle São João e do Colégio Marista Rosário. Pós-graduado em Psicoterapia Psicanalítica e em Coordenação Pedagógica. Tem experiência nas áreas da Psicologia, Educação, Filosofia, Sociologia e Ensino Religioso.

Jardelino Menegat: natural de Flores da Cunha/RS. Pós-doutor em Educação pela Universidade Federal Fluminense (UFF). Doutor em Educação pela Universidade La Salle (Canoas). Doutor em Administração de Empresas pela Universidad de La Empresa (UDE), Montevideo – Uruguai. No momento é reitor do Centro Universitário La Salle do Rio de Janeiro (Unilasalle-RJ); diretor do Colégio La Salle Abel e da Escola La Salle no Rio de Janeiro; professor do Programa de Pós-Graduação *Stricto Sensu* em Educação da Universidade Católica de Petrópolis/RJ; avaliador de cursos e do institucional do INEP/MEC, bem como de artigos acadêmicos de diversas revistas científicas brasileiras; pesquisador do CNPQ; e integra a Comunidade Religiosa La Salle Abel, Niterói/RJ. É Irmão Lassalista desde 1977.

José Adilson Antunes: natural de Caçapava do Sul/RS. Analista pedagogo na Escola Pública de Trânsito DETRAN/RS. Coordenador pedagógico no Colégio Vicentino Santa Cecília, de Porto Alegre. Diretor-presidente do Conselho de Ensino Religioso do Rio Grande do Sul – CONER/RS. Integrante do Setor de Ensino Religioso da Comissão de Educação e Cultura da CNBB Sul 3. Atualmente é membro do Conselho Superior da ANEC, assessor pedagógico do Movimento de Educação de Base – MEB e assessor da CRB BSB.

Júlio César Evangelista Resende: natural de Lima Duarte/MG. Religioso da Ordem da Santa Cruz (Crúzios). Graduado em Filosofia pela Pontifícia Universidade Católica de Minas Gerais (2003) e em Teologia pela Pontifícia Santo Tomás – *Angelicum*, em Roma (2009). Especialista em Gestão Escolar e Supervisão Pedagógica pela PUC Minas (2012), em Formação Religiosa pela Catholic Theological Union – Chicago (2008) e em Teologia Pastoral pela Pontifícia Universidade Gregoriana (2010). Diretor/professor do Colégio Dom Cabral em Campo Belo/MG (2011-2020). Assessor da Pastoral da Educação da regional Leste 2 da CNBB (2017-2019) e, desde 2019, assessor nacional do Setor de Educação da CNBB. Mestrando em Educação pela PUC Minas.

Paulo Fossatti: doutor em Educação (aprovado com louvor) pela Pontifícia Universidade Católica do Rio Grande do Sul – PUC RS (2009), pós-doutor em Ciências da Educação e pesquisador associado da Universidade do Algarve (2011). Graduado em Filosofia (1993) e em Psicologia (1997) pela Universidade do Vale do Rio dos Sinos. Especialista em Administração Escolar pela Unilasalle Canoas/RS (1999) e mestre em Psicologia Social e Institucional pela Universidade Federal do Rio Grande do Sul (2002). Consultor *Ad Hoc* do CNPq. Coordenador do Projeto de pesquisa: Gestão das Universidades Brasileiras para a Inovação: cenários, oportunidades e estratégias. Parecerista de revistas científicas, tais como: *Ciência & Saúde Coletiva*; *Educação, Ciência e Cultura*; *Diálogo Educacional*; *Quaestio*; *Mouseion* e *Cippus*. Professor e pesquisador do Programa de Pós-Graduação em Educação da Universidade La Salle/RS e reitor desta Universidade. Irmão Lassalista.

Roberto Carlos Ramos: natural de São Miguel do Oeste/SC. Pós-doutor e doutor em Educação pela Universidade La Salle Canoas/RS. Mestre em Ciências Políticas e Relações Internacionais pela Universidade Católica Portuguesa – UCP, Lisboa, Portugal. Mestre em Gestão Educacional pela Universidade do Vale do Rio do Sinos – UNISINOS, Porto Alegre/RS. Graduado em Filosofia pela Universidade La Salle Canoas/RS. Diretor do Colégio La Salle Carmo e vice-diretor do Colégio La Salle Caxias, ambos de Caxias do Sul/RS. Irmão Lassalista.

Rogério Alencar Ferraz de Andrade: natural de Iraí/RS. Presbítero da Arquidiocese de Porto Alegre. Bacharel em Teologia. Licenciado em Letras. Mestre em Educação pela Universidade Federal de Santa Maria. Doutor em Letras pela UNIRITTER. MBA em RH. Atualmente é coordenador de formação da Rede La Salle de Educação, assessor da Rede Servas de Maria Reparadoras e coordenador da Comissão de Educação e Cultura da CNBB Sul.

Paulinas

Rua Dona Inácia Uchoa, 62
04110-020 – São Paulo – SP (Brasil)
Tel.: (11) 2125-3500
http://www.paulinas.com.br – editora@paulinas.com.br
Telemarketing e SAC: 0800-7010081